VEGAANS STRAAT EET: HAMBURGERS, TACO ' S, GYROS EN MEER

Het bevredigen van veganistische verlangens, één straathap tegelijk

Ali de Boer

Auteursrechtmateriaal ©2023

Alle rechten voorbehouden

Geen enkel deel van dit boek mag in welke vorm of op welke manier dan ook worden gebruikt of overgedragen zonder de juiste schriftelijke toestemming van de uitgever en eigenaar van het auteursrecht, met uitzondering van korte citaten die in een recensie worden gebruikt. Dit boek mag niet worden beschouwd als vervanging voor medisch, juridisch of ander professioneel advies.

INHOUDSOPGAVE _

INHOUDSOPGAVE _ **3**
INVOERING **6**
HAMBURGERS **7**
   1. CURRIED SHIITAKE - GESTAPELDE TOMATEN 8
   2. GEBAKKEN GROENE NAPOLEONS MET KOOLSLA 10
   3. TOMATEN-AVOCADOBURGERS 13
   4. BBQ-BROODJE VEGETARISCHE BURGER 15
   5. APPEL- EN PINDAKAASSTAPELAARS 18
   6. GEBAKKEN GROENE TOMATEN 20
   7. BURGERBROODJES VAN ZOETE AARDAPPEL 22
   8. PORTABELLA EN VEGANISTISCHE HALLOUMI-BURGERS 24
   9. KOOLHYDRAATARME ZWARTE BONEN-QUINOA-BROODJESBURGER 26
   10. BROODJELOZE GESTAPELDE HAMBURGER 29
BURGERKOMMEN **32**
   11. VEGETARISCHE BURGER IN EEN KOM 33
   12. GEGRILDE GROENTEN BURGER BOWLS 35
   13. TERIYAKI BURGER BOWLS 37
   14. MET MAYO-MOSTERDSAUS 39
   15. VEGGIE BURGER BOWL & SPITSKOOL 42
   16. VEGGIE BURGER BURRITO BOWL 45
   17. HAMBURGERS MET TOFUKOM 47
VEGGIEBROODJES **49**
   18. ZOMERBROODJES MET CHILI-LIMOEN DIPSAUS 50
   19. GROENTEROLLETJES MET GEBAKKEN GEKRUIDE TOFU 52
   20. PADDESTOELRIJSTPAPIERROLLEN 55
   21. AVOCADO- EN GROENTERIJSTPAPIERROLLEN 58
   22. REGENBOOGBROODJES MET TOFU-PINDASAUS 60
   23. MANGOLOEMPIA'S 62
   24. VAN GEMENGD FRUIT MET AARDBEIENSAUS 64
   25. ZOMERBROODJES MET TROPISCH FRUIT 67
   26. RIJSTPAPIERROLLEN MET BESSEN EN GROENTEN 69
   27. OP ROZEN GEÏNSPIREERDE RIJSTPAPIERROLLEN 72
   28. TOFU EN BOK CHOY RIJSTPAPIERROLLEN 74
PIZZA **76**
   29. ZOETE EN PITTIGE ANANASPIZZA 77
   30. NECTARINE WITTE PIZZA 79
   31. BBQ-AARDBEIENPIZZA 81
   32. VIJGEN EN RADICCHIO PIZZA 83
   33. PIZZA BIANCA MET PERZIKEN 86
   34. VEGANISTISCHE WATERMELOENFRUITPIZZA 88
   35. BBQ-JACKFRUITPIZZA 90

36. Pompoenpizza Met Appels En Pecannoten 92
37. Portobello En Zwarte Olijfpizza 94
38. Veganistische pizza met witte champignons..96
39. Mini- portobello-pizza's 98
40. Milde microgroene bospizza 100
41. Cantharelpizza Met Veganistische Kaas 102
42. Veganistische witte pizza met champignons en sjalot 104
43. Gele Tomaten Witte pizza 106
44. Broccoli Pizza 108
45. Snijbietpizza 111
46. Erwten En Wortelenpizza 114
47. Aardappel, Ui En Chutney Pizza 117
48. Pizza Met Geroosterde Wortels 120
49. Rucola Salade Pizza 123
50. Gekarameliseerde Uienpizza 125
51. Bakplaat S Pinach Pizza 127
52. Een rugula- en citroenpizza 129
53. Tuin verse pizza 131
54. Roma Fontina-pizza 133
55. Spinazie Artisjok Pizza 135
56. Veganistische Caprese-pizza 137
57. BBQ-pizza met knapperige bloemkool 140
58. Gegrilde Vegetarische Pizza 142
59. Art tichoke & olijfpizza 144
60. Veganistische Courgette Pepperoni Pizza 146
61. Pizzakorst van rode linzen 148
62. Pittige Pintobonenpizza _ 150
63. Nacho-pizza met bonen 152
64. Mangopizza Met Zwarte Bonen 154
65. BBQ Maïs Jalapeno Zoete Aardappelpizza 156
66. Afgeroomde maïspizza 158

BURRITO'S 161

67. Abrikozenburrito's 162
68. Burrito's van babybonen 164
69. Bonen En Rijstburrito's 166
70. Bonen en TVP-burrito's 168
71. Kersenburrito's 170
72. Butternut-burrito 172
73. Maïs- en rijstburrito's 174
74. Fiesta Bonenburrito 176
75. Diepvries Burrito's 178
76. Matzo Burrito ovenschotel 180
77. Magnetronbonenburrito's 182
78. Magnetron Groentenburrito's 184

79. Gemengde Groentenburrito 186
80. Mojo zwarte bonenburrito's 188
81. Pepita Groentenburrito's 190
82. Seitan Burrito's 192
83. Burrito vulling 194
84. Vegetarische Burrito's Grande 196

TACOS 198
85. Krokante kikkererwtentaco's 199
86. Tempeh-taco's 201
87. Champignontaco's met Chipotle-crème 203
88. Linzen-, boerenkool- en quinoa-taco's 205
89. Maïssalsa met zwarte bonentaco's 207
90. Gegrilde Haloumi-taco's 209
91. De eenvoudige veganistische taco 211
92. Bonen en gegrilde maïstaco 213
93. Taco met zwarte bonen en rijstsalade 215
94. Taaie walnoottaco's 217
95. Seitan-taco's 219

GYROS 221
96. Kikkererwten en Groentengyros 222
97. Gegrilde Portobello-champignongyros 224
98. Jackfruit-gyros 226
99. Tofu-gyros 228
100. Linzen- en Champignongyros 230

CONCLUSIE 232

INVOERING

Welkom bij 'VEGAANS STRAAT EET: HAMBURGERS, TACO ' S, GYROS EN MEER', jouw paspoort om veganistische verlangens te bevredigen, één straathapje tegelijk. Dit kookboek is een viering van plantaardige lekkernijen, geïnspireerd op straatvoedsel van over de hele wereld. Ga met ons mee op een reis om de smaken, texturen en tevredenheid van je favoriete straatvoedsel opnieuw te creëren, en dit alles terwijl je het heerlijk veganistisch houdt.

Stel je voor dat je geniet van de geur van het grillen van plantaardige hamburgers, geniet van de knapperigheid van veganistische taco's en je overgeeft aan de hartige goedheid van plantaardige gyros. "VEGAANS STRAAT EET: HAMBURGERS, TACO ' S, GYROS EN MEER" is meer dan alleen een verzameling recepten; het is een verkenning van de creativiteit en diversiteit die plantaardige ingrediënten met zich meebrengen voor straatvoedsel. Of je nu een doorgewinterde veganist bent of net aan je plantaardige reis begint, deze recepten zijn gemaakt om je te inspireren om te genieten van de gedurfde en smaakvolle wereld van veganistisch straateten.

Van klassieke veganistische burgers tot innovatieve tacovullingen en verrukkelijke gyros: elk recept is een eerbetoon aan de plantaardige varianten van streetfoodklassiekers. Of je nu een veganistische barbecue organiseert of thuis je trek in straatvoedsel bevredigt, dit kookboek is je beste hulpmiddel voor het maken van heerlijke plantaardige hapjes die de essentie van straatvoedsel vastleggen.

Ga met ons mee en duik in de wereld van VEGAANS STRAAT EET: HAMBURGERS, TACO ' S, GYROS EN MEER, waar elke creatie een bewijs is van de creativiteit, tevredenheid en wereldwijde inspiratie die gepaard gaat met plantaardig straatvoedsel. Dus trek je schort aan, omarm de smaken van de straat en laten we de opwindende en bevredigende wereld van veganistisch straateten verkennen.

HAMBURGERS

1. Curried Shiitake - Gestapelde Tomaten

INGREDIËNTEN:
- 4 erfstuktomaten
- 4 plakjes veganistische kaas

SHIITAKE-MENGSEL
- 6 eetlepels plantaardige mayonaise
- 1 theelepel kerriepoeder
- ¼ theelepel zout
- ¼ theelepel gemalen gember
- ¾ pond shiitake
- 1 knolselderijrib, gehakt
- ½ kopje fijngehakte komkommer
- 1 navelsinaasappel, geschild en fijngehakt
- 2 groene uien, in dunne plakjes gesneden

INSTRUCTIES:
a) Snijd elke tomaat in drie dikke plakken en laat hem uitlekken op keukenpapier.
b) Meng shiitake, mayonaise en kruiden in een kom.
c) Roer de overige ingrediënten erdoor.
d) Stapel voor elke portie drie plakjes tomaat, beleg ze met veganistische kaas en het shiitake-mengsel.

2.Gebakken Groene Napoleons Met Koolsla

INGREDIËNTEN:
- 1/3 kopje mayonaise
- ¼ kopje witte azijn
- 2 eetlepels suiker
- 1 theelepel zout
- 1 theelepel knoflookpoeder
- ½ theelepel peper
- 14 ons driekleurige koolsalademix
- ¼ kopje fijngehakte ui
- 11 ons mandarijnen, uitgelekt

GEBRADEN TOMATEN:
- 1 veganistische eiervervanger
- Scheutje hete pepersaus, of naar smaak
- ¼ kopje bloem voor alle doeleinden
- 1 kopje droge kruimels
- 2 groene tomaten, elk in 4 plakjes gesneden
- Olie om te frituren
- ½ theelepel zout
- ¼ theelepel peper
- ½ kopje gekoelde veganistische pimientokaas
- 4 theelepels pepergelei

INSTRUCTIES:
a) Combineer de eerste zes ingrediënten.
b) Voeg koolslamix en ui toe. Voeg de mandarijnen toe en roer voorzichtig.
c) Klop in een ondiepe kom de veganistische eiervervanger en de hete saus.
d) Doe de bloem en kruimels in aparte, ondiepe kommen.
e) Doop de plakjes tomaat in bloem zodat beide kanten bedekt zijn, en schud het teveel eraf.
f) Dompel het mengsel in het veganistische eimengsel en vervolgens in de kruimels, klop erop om de coating te helpen hechten.
g) Verhit de olie in een elektrische koekenpan of frituurpan tot 350 °.
h) Bak de plakjes tomaat, een paar tegelijk, tot ze bruin zijn, 1-2 minuten aan elke kant. Laat uitlekken op keukenpapier.
i) Bestrooi met zout en peper.
j) Om te assembleren, beleg je een plakje tomaat met 1 eetlepel veganistische pimientokaas. Herhaal lagen.
k) Bestrijk met 1 theelepel pepergelei. Herhaal met de resterende plakjes tomaat.
l) Serveer er koolsalade bij.

3.Tomaten-Avocadoburgers

INGREDIËNTEN:
- 4 tomaten
- 4 veganistische pasteitjes
- ¼ theelepel gemalen zwarte peper
- ½ plus ¼ theelepel fijnkorrelig zeezout
- 1 theelepel chilipoeder
- 1 rijpe avocado, verdeeld
- 2 eetlepels Griekse yoghurt
- 1 eetlepel mayonaise
- 2 theelepels vers limoensap
- ¼ theelepel gemalen komijn
- Handvol alfalfaspruiten

INSTRUCTIES:
a) Doe de helft van de avocado in een kom en prak met een vork tot een bijna gladde massa.
b) Voeg yoghurt, mayonaise, limoensap en komijn toe en roer om te combineren. Snijd de resterende helft van de avocado in blokjes en voeg deze samen met ¼ theelepel zout toe. Roer voorzichtig om te combineren. Opzij zetten.
c) Vet een pan/koekepan met antiaanbaklaag in met olijfolie en verwarm op middelhoog vuur.
d) Kook gehalveerde tomaten met de voorkant naar beneden gedurende 2 tot 3 minuten, totdat ze bruin beginnen te worden.
e) Om hamburgers samen te stellen, plaats je een snufje spruitjes op het onderste deel van elke tomaat, leg er een veganistisch pasteitje op, ongeveer 2 eetlepels avocadosaus, en eindig met de andere helft van elke tomaat.

4. BBQ-broodje vegetarische burger

INGREDIËNTEN:
VOOR DE BUNDELLOZE BURGER:
- 8 gourmetburgers
- Avocado-olie
- 1 avocado, in plakjes gesneden
- 4 portobello-champignons
- 1 ui in ringen gesneden
- 4 plakjes veganistische cheddarkaas
- Tomatensaus
- mayonaise

VOOR DE BIETEN- EN APPELSLAW:
- 2 bieten, geschild en geraspt
- 2 appels, geraspt
- 1 kopje geraspte rode kool
- 3 eetlepels appelazijn
- 2 theelepels rauwe biologische suiker
- 1 eetlepel volkoren mosterd
- 4 eetlepels extra vergine olijfolie
- ½ kopje verse peterselie, fijngehakt
- ½ kopje verse peterselie, fijngehakt
- ½ theelepel versgemalen zwarte peperkorrels
- Gesneden augurken om te garneren

INSTRUCTIES:
a) Doe de rode biet, appel en rode kool in een kom.
b) Voeg azijn, suiker, mosterd, olijfolie en peterselie toe. Combineer goed. Breng op smaak. Opzij zetten.
c) Verwarm een barbecue. Kook de vegetarische gourmetburgers, champignons en uienringen met een scheutje avocado-bakolie.
d) Combineer tomatensaus en mayonaise. Opzij zetten.

VERZAMELEN
e) Leg eerst een plakje vegan kaas op een veggie burger.
f) Smelt de vegan kaas door hem onder de grill te leggen of verwarm hem in de magnetron tot hij gesmolten is.
g) Smeer wat tomaten-mayosaus en leg er een champignon, plakjes avocado, rode biet en appelsla op.
h) Verdeel nog wat tomaten-mayosaus over een andere vegetarische burger, plaats deze op de burger en stapel de saus naar beneden om hem compleet te maken.
i) Garneer met gebakken plakjes ui en augurken bovenop de burger.
j) Steek er een spiesje in om het heel te houden.

5.Appel- en pindakaasstapelaars

INGREDIËNTEN:
- 2 appels
- 1/3 kop dikke pindakaas

VULLINGEN
- Muesli
- miniatuur halfzoete chocoladestukjes

INSTRUCTIES:
a) Kern appels. Snijd elke appel kruislings in zes plakjes.
b) Verdeel de pindakaas over zes plakjes en bestrooi met de vulling naar keuze.
c) Beleg met de resterende appelschijfjes.

6.Gebakken Groene Tomaten

INGREDIËNTEN:
- ¼ kopje vetvrije mayonaise
- ¼ theelepel geraspte limoenschil
- 2 eetlepels limoensap
- 1 theelepel gehakte verse tijm
- ½ theelepel peper, verdeeld
- ¼ kopje bloem voor alle doeleinden
- 2 veganistische eiervervangers
- ¾ kopje maïsmeel
- ¼ theelepel zout
- 2 groene tomaten
- 2 rode tomaten
- 2 eetlepels koolzaadolie
- 8 plakjes Canadees spek

INSTRUCTIES:
a) Meng de eerste 4 ingrediënten en ¼ theelepel peper en zet in de koelkast tot het serveren.
b) Doe de bloem in een ondiepe kom en plaats het eiervervanger in een aparte ondiepe kom. Meng in een derde kom maïsmeel, zout en de resterende peper.
c) Snij elke tomaat kruislings in 4 plakjes.
d) Haal 1 plakje bloem door het mengsel, zodat het licht bedekt is, en schud het teveel eraf.
e) Dompel het in veganistische eiervervangers en vervolgens in het maïsmeelmengsel. Herhaal met de resterende plakjes tomaat.
f) Verhit de olie in een koekenpan met anti-aanbaklaag.
g) Kook de tomaten in batches goudbruin, 4-5 minuten per kant.
h) In dezelfde pan aan beide kanten lichtbruin Canadees spek bakken.
i) Stapel voor elk 1 plakje groene tomaat, spek en rode tomaat. Serveer met saus.

7.Burgerbroodjes van zoete aardappel

INGREDIËNTEN:
- 1 Zoete Aardappel
- 2 theelepels olijfolie
- Zout en peper

INSTRUCTIES:
a) Schil de zoete aardappelen en snijd ze in de vorm van burgerbroodjes.
b) Wrijf er met je handen de olijfolie overheen.
c) Breng op smaak met zout en peper.
d) Kook gedurende 10 minuten op 360F in de airfryer.
e) Plaats je hamburgers tussen twee plakjes zoete aardappelburger en serveer.

8.Portabella en veganistische Halloumi-burgers

INGREDIËNTEN:
- 4 portabella champignonhoedjes
- 3 ½ eetlepel balsamicoazijn
- 2 eetlepels olijfolie
- 2 plakjes tomaat
- 2 plakjes veganistische halloumi
- Een handvol basilicumblaadjes
- Zeezout
- Versgemalen peper

INSTRUCTIES:
a) Verwarm de grill voor op 450 ° F.
b) Bestrijk de champignons met olijfolie en strooi er een beetje zeezout over.
c) Grill of rooster ze gedurende vier of vijf minuten per kant.
d) Grill de halloumi. Snijd de halloumi in gewenste, relatief dunne plakjes.
e) Grill het twee minuten per kant op hoog vuur. De halloumi moet zacht zijn en een aromatische, zoute geur afgeven.

VERZAMELEN _
f) De portabella-paddenstoelen zullen je broodje zijn. Leg bovenop een Portobello-paddenstoelkapje de gegrilde veganistische Halloumi-kaas, het plakje tomaat en de basilicumblaadjes.
g) Voeg de balsamicoazijn en de versgemalen peper toe.
h) Plaats vervolgens de andere paddenstoelhoed er bovenop.
i) Herhaal dit proces voor de andere burger.

9. Koolhydraatarme zwarte bonen-quinoa-broodjesburger

INGREDIËNTEN:
VOOR ZWARTE BONEN QUINOAPATTY
- 3 kopjes Gekookte zwarte bonen
- 3 kopjes gekookte quinoa
- 1 theelepel komijnzaad
- 1 kopje in blokjes gesneden ui
- 6 teentjes knoflook
- 1 ½ kopje boerenkool gehakt
- 1 Jalapeno fijngehakt
- 1 eetlepel maïsolie
- Zout naar smaak

TOPPINGEN
- plakjes komkommer
- Plakjes tomaat
- Ui plakje
- Een paar augurken
- Pittige geroosterde rode peper-pindasaus Of saus naar keuze

ANDERE INGREDIËNTEN
- Een grote bos sla
- Wat maïsolie voor het grillen van het pasteitje

INSTRUCTIES:
VOOR ZWARTE BONEN QUINOAPATTY
a) Neem eerst wat olie in een pan en voeg komijnzaad, ui, knoflook en jalapenos toe.
b) Bak een minuutje. Voeg vervolgens de gehakte boerenkool toe en bak opnieuw gedurende 2 minuten. Laat het afkoelen.
c) Neem zwarte bonen en pureer ze goed.
d) Voeg nu gekookte quinoa, gebakken mengsel en zout toe.
e) Meng alle ingrediënten goed. Vorm ze.
f) Je kunt de zwarte bonenburger vormen zoals jij wilt.
g) Leg ze op de pan.
h) Breng vervolgens aan beide kanten een klein beetje maïsolie aan. Kook ze aan beide kanten goudbruin.
i) Haal ze eruit en houd ze opzij.

MONTEER DE HAMBURGER.
j) Neem een blaadje sla en doe er dan de quinoapasteitjes van zwarte bonen, plakjes tomaat, plakjes komkommer, wat plakjes augurk, plakjes ui en als laatste wat heerlijke saus op.
k) Verpak de sla zorgvuldig.

10. Broodjeloze gestapelde hamburger

INGREDIËNTEN:
VEGAN KETO-BURGERS
- 400 g hennepfu
- 400 g groenten, gehakt
- ½ kopje amandelmeel
- 4 eetlepels chia- of gemalen lijnzaad
- 4 eetlepels extra vergine olijfolie
- Zwarte peper, zeezout en gerookte paprika

OPTIONELE BURGERTOppings
- 16 slablaadjes
- 2 tomaten
- 2 rijpe avocado's
- 2 eetlepels olijfolie
- citroensap of appelazijn
- Romesco-saus
- rode ui
- Ingelegde komkommers, suikervrij

INSTRUCTIES:
a) Combineer het gemalen lijn- of chiazaad met 4 eetlepels water in een glas of kom.
b) Roer goed door en laat een paar minuten staan.
c) Hak de hennepfu en groenten fijn met een keukenmachine.
d) Meng de fijngehakte hennepfu en groenten met het amandelmeel, de lijnzaadgel en de helft van de olijfolie in een kom of in de keukenmachine.
e) Breng op smaak met zout, peper, paprikapoeder of andere kruiden naar keuze.
f) Vorm acht pasteitjes en bak elke burger in olijfolie tot hij gaar en aan elke kant goudbruin is.
g) Je kunt de burgers ook bakken in een voorverwarmde oven of Airfryer op 350°F.
h) Prak intussen de avocado's met een vork en roer de olijfolie erdoor.
i) Breng op smaak met citroensap of appelciderazijn, peper en zout voor een eenvoudige guacamole.
j) Serveer elke burger op twee blaadjes sla ter vervanging van het burgerbroodje, met tomaat, guacamole en indien gewenst wat dun gesneden rode ui, ingelegde komkommer en romescosaus.

BURGERKOMMEN

11. Vegetarische Burger In Een Kom

INGREDIËNTEN:
VEGGIE HAMBURGER IN EEN KOM
- 4 kopjes geraspte sla
- 1 pint kerstomaatjes gehalveerd
- 2 avocado's in blokjes
- 1 kop pittige ingelegde uien
- ½ kopje cornichons gehakt als je wilt
- 4 vegetarische burgerpasteitjes in blokjes of verkruimeld

VEGAN BURGERSAUS
- ½ kopje tahinipasta
- 1 teentje knoflook
- 1 eetlepel verse dille of 1 theelepel gedroogde
- 2 eetlepels vers geperst citroensap
- zout en peper
- ¼ kopje water

INSTRUCTIES:
a) Om veganistische burgersaus te maken, meng je tahini, knoflook, citroensap, dille, zout en peper.
b) Klop er voldoende water door om de saus te verdunnen tot een gietbare consistentie.
c) Om Veggie Burger Bowls te maken, legt u de burgerbevestigingen in afzonderlijke slakommen.
d) Beleg met verkruimelde vegetarische burgerpasteitjes en besprenkel met veganistische burgersaus.

12. Gegrilde Groenten Burger Bowls

INGREDIËNTEN:
- 2 veganistische burgerpasteitjes
- 1 kop Gemengde Groenen

GEGRILDE GROENTEN
- 1 courgette, in plakjes gesneden
- 1 paprika, in blokjes
- 1 aubergine, in plakjes gesneden
- 1 tomaat, gehalveerd
- Asperges speren

OPTIONELE TOEVOEGINGEN
- 1 theelepel sesamzaadjes
- 1 eetlepel gemengde noten
- Kimchi
- uien op zuur

DRESSING
- Veganistische Tahin

INSTRUCTIES:
a) Verwarm de grill voor op de hoogste stand.
b) Grill hamburgers en groenten en zet het vuur na het markeren lager.
c) Stel kommen samen met groenten, gegrilde groenten, hamburger en lepeldressing erover en voeg eventuele optionele toevoegingen toe die je lekker vindt.

13. Teriyaki Burger Bowls

INGREDIËNTEN:
- 4 plantaardige burgers, gekookt
- 2 kopjes gekookte quinoa
- 1 kop babyspinazie
- 1 kop dun gesneden komkommers
- 1 kopje gestoomde, gepelde edamame
- 1/2 kop gesneden radijsjes
- 1 kop geraspte wortelen
- 2 groene uien, in plakjes gesneden
- 1/4 kop rode ui, in dunne plakjes gesneden
- 1 grote avocado, zonder zaadjes en in dunne plakjes gesneden
- 1/2 kop bereide teriyakisaus

INSTRUCTIES:
a) Bereid hamburgers en rijst volgens de aanwijzingen op de verpakking.
b) Schik de toppings op een grote schaal, samen met de saus en de bereide hamburgers.
c) Verdeel de rijst gelijkmatig over vier serveerkommen.
d) Stel je kom samen, beginnend met spinazie en voeg naar wens kleinere toppings toe.
e) Bestrijk met een bereide plantaardige burger en besprenkel met teriyakisaus.

14.Met Mayo-Mosterdsaus

INGREDIËNTEN:
LINZEN
- 1 eetlepel olijfolie
- 1 witte, rode of gele ui, in blokjes gesneden
- ¼ theelepel zout
- 450 g gekookte linzen
- ¼ kopje groentebouillon
- 2 eetlepels glutenvrije Worcestershiresaus
- 1 eetlepel Dijon-mosterd
- 1 eetlepel tamari
- 1 theelepel suiker
- ½ theelepel knoflookpoeder
- 1 theelepel gemalen zwarte peper

MAYO-MOSTERDSAUS
- ¼ kopje veganistische mayonaise
- 1 eetlepel tomatenpuree
- 2 theelepel mosterd
- 2 theelepels 10 ml augurkensap
- 2 eetlepels augurken, fijngesneden
- ¼ theelepel knoflookpoeder
- ½ theelepel paprikapoeder
- ½ theelepel zeezout
- 15 ml water

SALADESCHAAL
- 2 kroppen Romeinse sla, fijngesneden
- 2 kopjes kerstomaatjes, in plakjes gesneden
- 2 rijpe avocado's, ontpit en in plakjes gesneden
- 1 rode ui, in dunne plakjes gesneden
- 1 kopje augurken, in plakjes gesneden

INSTRUCTIES:
LINZEN
a) Verhit olie in een koekenpan of pan op het vuur. Voeg de in blokjes gesneden uien en ¼ theelepel zout toe en bak 7-10 minuten tot ze zacht en doorschijnend zijn.

b) Voeg de linzen toe en kook tot ze bijna volledig bruin zijn, ongeveer 5 minuten.
c) Zet het vuur hoog en voeg de groentebouillon, worcester en mosterd, sojasaus, suiker, knoflookpoeder en zwarte peper toe. Kook totdat de vloeistoffen zijn verdampt.
d) Zet het vuur uit en haal de pan van de brander. Zet opzij totdat je klaar bent om je burgerkommen te maken.
e) Voeg alle sausingrediënten toe aan een kom en meng alles tot alles gemengd is. Proef en breng indien nodig op smaak met meer zout.

MONTAGE
f) Verdeel de gesneden sla over vier kommen. Voeg gesneden uien, avocado, kerstomaatjes en augurken toe.
g) Strooi de linzen erover en sprenkel de saus over de kommen.

15. Veggie Burger Bowl & Spitskool

INGREDIËNTEN:
PATTIES
- 150 g bulgurtarwe
- groentebouillon om te weken
- 1 wortel
- 1 fijngesneden ui
- 1 teentje knoflook
- 1 Eetlepels bloem
- 1 Eetlepel gehakte platte peterselie
- 1 veganistische eiervervanger
- eventueel geraspte aardappel
- 1 theelepel gemalen koriander
- zout
- versgemalen peper

TOPPINGEN
- 50 g sesamzaadjes
- 150 g spitskool
- 1 wortel
- 2 Eetlepels rijstazijn
- 1 Eetlepel sesamolie
- zout
- versgemalen peper
- ½ komkommer
- 4 Eetlepels ketchup

INSTRUCTIES:
a) Week de bulgurtarwe in bouillon.
b) Snijd de wortel af, schil hem en rasp hem fijn.
c) Doe de bulgur, licht afgekoeld, in een kom met de wortel en de gesnipperde ui. Pel de knoflook en pers deze erboven uit.
d) Voeg de bloem, peterselie en het veganistische eiervervanger toe en kneed.
e) Voeg een beetje water of een beetje geraspte aardappel toe en werk in als het mengsel te droog is. Breng op smaak.
f) Vorm met vochtige handen 4 pasteitjes van het mengsel en gril ze aan elke kant gedurende ongeveer 4-5 minuten.

g) Om de toppings te maken, bak je de sesamzaadjes droog in een pan. Maak de kool schoon, was hem, droog hem en snijd hem in dunne plakjes. Schil en rasp de wortel.
h) Maak een dressing van azijn, olie, zout en peper en roer deze door de kool en wortel. Spatel de sesamzaadjes door de salade. Schil en snijd de komkommer.
i) Doe de gesneden komkommer en kool in een kom. Beleg met de pasteitjes en een scheutje ketchup.

16. Veggie Burger Burrito Bowl

INGREDIËNTEN:
- 2 Plantaardige Burgers
- 4 kopjes groene salades
- 1/2 kop bruine rijst
- 1 middelgrote zoete aardappel, in blokjes
- 1/2 kopje gekookte zwarte bonen
- 1 kleine rijpe avocado, ontpit en vruchtvlees, in dunne plakjes gesneden
- 1/2 kopje pico de gallo
- favoriete dressing

INSTRUCTIES:
a) Kook rijst volgens de aanwijzingen op de verpakking; zet opzij als je klaar bent.
b) Verwarm de oven voor op 375ºC en bekleed de bakplaat met bakpapier.
c) Leg de in blokjes gesneden zoete aardappelen op een beklede bakplaat en besprenkel met olijfolie; gebruik je handen om volledig te bedekken.
d) Bak de zoete aardappelen ongeveer 20 minuten of tot ze zacht zijn.
e) Kook de Burger volgens de aangegeven instructies.
f) Verdeel bladgroenten, rijst, gekookte zoete aardappelen, zwarte bonen, gesneden avocado en pico de gallo gelijkmatig tussen twee kommen.
g) Bestrijk met een licht gekoelde Burger en besprenkel met je favoriete dressing.

17.Hamburgers Met Tofukom

INGREDIËNTEN:
PATTIES
- ½ kopje bulgur
- 2 Wortelen, versnipperd
- 4 ons stevige tofu
- 1 veganistische eiervervanger
- 3 eetlepels Gehakte verse munt
- 3 eetlepels fijngehakte lente-uitjes
- ¼ theelepel Cayennepeper
- ⅓ kopje gewone panko , gedroogd
- ⅓ kopje bloem, verdeeld gebruik
- 2 eetlepels lichte ketchup
- 2 theelepels Dijon-mosterd

SERVEREN
- 4 blaadjes Romeinse sla
- 4 plakjes tomaat
- ½ kopje Alfalfaspruiten

INSTRUCTIES:
a) Breng het water en het zout in een afgedekte pan op vuur aan de kook.
b) Voeg de bulgur en wortels toe en haal van het vuur .
c) Pureer de tofu in een kom.
d) Roer het bulgurmengsel, de veganistische eiervervanger, de munt, de lente-uitjes en de cayennepeper erdoor en roer goed.
e) Roer de panko , ¼ kopje bloem, de ketchup en mosterd erdoor.
f) Vorm balletjes van het bulgurmengsel en bak ze.
g) Verzamel de serveeringrediënten in een kom.

VEGGIEBROODJES

18. Zomerbroodjes met Chili-Limoen Dipsaus

INGREDIËNTEN:
- 2 eetlepels vissaus
- 2 eetlepels limoensap
- 2 eetlepels suiker
- 2 eetlepels water
- 1 kleine rode chilipeper, geplet
- 4 ons rijstvermicelli
- 12 ronde rijstpapierwikkels van 5 inch
- ½ rode paprika, in reepjes gesneden
- ½ gele paprika, in reepjes gesneden
- ½ avocado, in plakjes gesneden
- 2 kopjes alfalfaspruiten
- 6 grote basilicumblaadjes, in plakjes gesneden

INSTRUCTIES:

a) Meng in een kleine mengkom de vissaus, het limoensap, de suiker, het water en de chili al roerend om de suiker op te lossen.

b) Breng in een middelgrote pan wat water aan de kook.

c) Kook, onder voortdurend roeren, gedurende 1 minuut, of tot de vermicelli goed gaar is; laat uitlekken en afkoelen in een kom, waarbij u regelmatig roert.

d) Vul een klein bakje voor de helft met water. Dompel 2 rijstpapiertjes tegelijk in het water, schud het overtollige water af, leg het op een werkoppervlak en laat het 30 seconden zacht worden.

e) Leg op het onderste derde deel van elk rijstpapier een handjevol vermicelli. Voeg twee reepjes rode en gele paprika, een reepje avocado, een reepje komkommer en een flinke handvol alfalfaspruiten toe. Voeg als finishing touch nog een paar basilicumreepjes toe.

f) Maak de ingrediënten plat, rol ze op in rijstpapier en vouw ze gaandeweg naar de zijkanten.

g) Druk stevig aan om te verzegelen. Herhaal het proces met de overgebleven rijstpapieren en vullingen.

h) Wanneer alle broodjes klaar zijn, verdeel ze diagonaal doormidden en serveer met dipsaus.

19.Groenterolletjes met gebakken gekruide tofu

INGREDIËNTEN:
- 1-ounce bonendraadnoedels, gekookt en uitgelekt
- 1½ kopjes Chinese kool, versnipperd
- ½ kopje wortel, geraspt
- ⅓ kopje lente-ui, in dunne plakjes gesneden
- 12 rondjes rijstpapier (8 inch diameter)
- 4 ons gebakken gekruide tofu (1 kopje)
- 24 grote basilicumblaadjes
- Pinda Miso-dressing

INSTRUCTIES:
VOOR DE VULLING:
a) Knijp voorzichtig in de gekookte bonennoedels om overtollig vocht vrij te laten en hak ze vervolgens grof.

b) Meng in een grote kom de gekookte noedels, de geraspte Chinese kool, de geraspte wortel en de in dunne plakjes gesneden lente-uitjes.

VOOR HET MONTEREN VAN DE LOEMPOLLEN:
c) Vul een 10-inch taartplaat met warm water. Dompel een van de rijstpapiertjes onder in het water en laat het weken totdat het soepel is, wat ongeveer 30 tot 60 seconden duurt.

d) Breng het verzachte rijstpapier over op een schone theedoek en dep het voorzichtig om overtollig water te verwijderen.

e) Verdeel ongeveer ¼ kopje van het noedelmengsel over het onderste derde deel van het rijstpapier.

f) Verdeel 5 of 6 blokjes gebakken gekruide tofu en 2 basilicumblaadjes over de noedels.

g) Til de onderkant van het rijstpapier over de vulling, vouw de zijkanten naar het midden en rol de loempia zo strak mogelijk op.

h) Herhaal dit proces met de resterende rijstpapieren en vulling.

VOOR DE PINDA MISO DRESSING:
i) Verdeel de Peanut Miso Dressing over verschillende kleine kommetjes en serveer deze naast de loempia's om te dippen.

SERVEREN:
j) Serveer de groenteloempia's onmiddellijk of bewaar ze in een goed afgesloten bakje gedurende maximaal 2 dagen (laat ze vóór het serveren weer op kamertemperatuur komen).

k) Geniet van je groenteloempia's met gebakken gekruide tofu en pinda-misodressing! Deze broodjes zijn een heerlijk en gezond tussendoortje of aperitiefhapje.

20.Paddestoelrijstpapierrollen

INGREDIËNTEN:
- 1 eetlepels sesamolie
- 2 teentjes knoflook, geperst
- 1 theelepel geraspte gember
- 2 sjalotjes, fijn gesneden
- 300 g champignons, fijngehakt
- 40 g Chinese kool, fijngesneden
- 2 theelepels zoutarme sojasaus
- 16 grote vellen rijstpapier
- 1 bosje verse koriander, blaadjes geplukt
- 2 middelgrote wortels, geschild, fijn julienned
- 1 kopje taugé, bijgesneden
- Extra zoutarme sojasaus, om te serveren

INSTRUCTIES:
BEREID DE PADDESTOELVULLING
a) Verhit sesamolie, geperste knoflook en geraspte gember in een koekenpan op laag vuur gedurende 1 minuut.

b) Voeg fijngesneden sjalotten, gehakte champignons en geraspte Chinese kool toe aan de pan.

c) Verhoog het vuur tot medium en kook gedurende 3 minuten of tot de ingrediënten zacht zijn.

d) Doe het gekookte mengsel in een kom, voeg de zoutarme sojasaus toe en zet het opzij om af te koelen.

MAAK DE RIJSTPAPIERVELLEN ZACHT
e) Vul een grote kom met warm water.

f) Plaats 2 vellen rijstpapier per keer in het water en laat het ongeveer 30 seconden zacht worden. Zorg ervoor dat ze zacht worden, maar nog steeds stevig genoeg om te hanteren.

MONTEER DE ROLLEN
g) Haal de zachte rijstpapiervellen uit het water en laat ze goed uitlekken. Leg ze op een plat bord.

h) Bestrooi elk vel met verse korianderblaadjes en leg er nog een vel rijstpapier op.

i) Bestrijk het dubbellaagse rijstpapier met een eetlepel van het champignonmengsel en zorg ervoor dat het overtollige vocht wegloopt.
j) Voeg julienne wortel en taugé toe aan het champignonmengsel.
k) Vouw de uiteinden van het rijstpapier naar binnen en rol het vel stevig op.
l) Leg de voorbereide rol opzij en bedek deze met plastic.
m) Herhaal het proces met de overige ingrediënten om meer rollen te maken.
n) Serveer de Champignonrijstpapierrollen direct met extra zoutarme sojasaus om in te dippen.

21.Avocado- en groenterijstpapierrollen

INGREDIËNTEN:
- 8 kleine rijstpapierwikkeltjes
- ½ kopje geraspte ijsbergsla
- ¾ kopje (50 g) taugé, bijgesneden
- 1 kleine wortel, geschild en geraspt
- 1 middelgrote Libanese komkommer, geschild en in linten gesneden
- 1 middelgrote avocado, geschild en in reepjes gesneden
- Zoete chilisaus, om te serveren

INSTRUCTIES:
a) Giet warm water in een hittebestendige kom tot deze halfvol is.
b) Dompel een rijstpapiervelletje in het water en plaats het op een vlakke ondergrond.
c) Laat het 20 tot 30 seconden staan of totdat het zacht genoeg wordt om te rollen zonder te splijten.

MONTEER RIJSTPAPIERROLLEN
d) Plaats ⅛ van de geraspte sla langs een rand van het zachte rijstpapierpapier.
e) Beleg de sla met ⅛ van de taugé, geraspte wortel, komkommerlinten en avocadoreepjes.
f) Vouw de uiteinden van de verpakking naar binnen en rol deze vervolgens stevig op, zodat de vulling erin zit.
g) Om te voorkomen dat de rol uitdroogt, dekt u deze af met een vochtige theedoek.
h) Herhaal dit proces met de resterende rijstpapierverpakkingen en vullingen.
i) Serveer de avocado- en groenterijstpapierrollen met zoete chilisaus om in te dippen.
j) Geniet van deze lichte en gezonde rijstpapierrollen gevuld met de goedheid van verse avocado en groenten!

22. Regenboogbroodjes met Tofu-Pindasaus

INGREDIËNTEN:
- 12 ronde rijstpapierwikkels van 22 cm
- 2 avocado's, in dunne plakjes gesneden
- 24 verse koriandertakjes
- 24 grote verse muntblaadjes
- 300 g rode kool, fijngesneden
- 2 grote wortels, in luciferstokjes gesneden
- 2 Libanese komkommers, ontpit, in luciferstokjes gesneden
- 100 g taugé, schoongemaakt
- 3 groene sjalotten, diagonaal in dunne plakjes gesneden

TOFU PINDASAUS:
- 150 g zijden tofu
- 70 g natuurlijke, gladde pindakaas
- 2 eetlepels rijstwijnazijn
- 1 eetlepel Shiro misopasta (witte misopasta)
- 3 theelepel honing
- 3 theelepels fijn geraspte verse gember
- 2 theelepel tamari
- 1 klein teentje knoflook, geperst

INSTRUCTIES:
TOFU PINDASAUS:
a) Doe alle ingrediënten voor de tofusaus in een blender en mix tot een gladde massa. Opzij zetten.

MONTAGE VAN ROLLEN REGENBOOGRIJSTPAPIER:
b) Dompel een rijstpapiervelletje gedurende 10-20 seconden in koud water of totdat het zacht begint te worden. Laat het uitlekken op een schone theedoek en plaats het op een werkblad.

c) Beleg het rijstpapiervelletje met 2 plakjes avocado, 2 takjes koriander, 2 muntblaadjes, een portie rode kool, wortel, komkommer, taugé en sjalotjes.

d) Vouw de uiteinden van het rijstpapiervelletje naar binnen en rol het stevig op om de vulling te omsluiten.

e) Herhaal dit proces met de resterende wikkels.

f) Serveer de regenboogrijstpapierrollen met de tofu-pindasaus apart om te dippen.

23.Mangoloempia's

INGREDIËNTEN:
- 2 ons dunne rijstvermicelli
- 8 Rijstpapiercirkels (8 ½ inch in diameter)
- 4 grote slablaadjes, ribben verwijderd, bladeren in de lengte gehalveerd
- 1 grote wortel, versnipperd
- 2 mango's, geschild en in plakjes gesneden
- ½ kopje verse basilicumblaadjes
- ½ kopje verse muntblaadjes
- 4 ons verse taugé (1 kopje)
- Pittige Thaise Vinaigrette

INSTRUCTIES:
a) Begin met het weken van de rijstvermicelli in 2 kopjes warm water gedurende ongeveer 15 minuten. Nadat ze zijn geweekt, laat je ze uitlekken en zet je ze opzij.

b) Dompel vervolgens een vel rijstpapier in warm water, ongeveer 110 graden Fahrenheit, en breng het vervolgens over naar een werkoppervlak dat bedekt is met een vochtige theedoek.

c) Wacht ongeveer 30 seconden, of totdat de wikkel soepel wordt. Plaats nu een slablad op de onderste tweederde van het rijstpapier, zorg ervoor dat je een rand van 5,5 cm papier aan de onderkant achterlaat.

d) Leg op de sla 2 eetlepels vermicelli, 1 eetlepel geraspte wortels, 2 plakjes mango, 1 eetlepel basilicum en munt, en 2 eetlepels taugé.

e) Vouw de onderste 2-inch rand van het rijstpapier over de vulling en vouw deze vervolgens weer naar boven om de vulling te omsluiten. Ga verder door de rechterrand naar binnen te vouwen en vervolgens de linkerrand van de wikkel. Blijf vouwen totdat er een strakke cilinder ontstaat.

f) Leg de voltooide loempia op een dienblad en bedek deze met een vochtige papieren handdoek om hem vers te houden.

g) ingrediënten opgebruikt hebt .

h) Deze mangoloempia's smaken het lekkerst met de Spicy Thai Vinaigrette als dipsaus.

24. van gemengd fruit met aardbeiensaus

INGREDIËNTEN:
VOOR DE FRUITLOEPTOLLEN:
- 1 kopje aardbeien, in vieren gesneden
- 2 kiwi's, in plakjes gesneden
- 2 sinaasappels, in plakjes gesneden
- 1 mango, in reepjes gesneden
- 2 perziken, in reepjes gesneden
- ½ kopje kersen, ontpit en in tweeën gesneden
- ½ kopje bosbessen
- ½ kopje frambozen
- 1 sterfruit
- 8 vellen Vietnamees rijstpapier
- Verse muntblaadjes

VOOR DE AARDBEIEN DIPSAUS:
- 2 kopjes aardbeien
- 1 passievrucht

VOOR DE CHOCOLADESAUS:
- 1 kop pure chocolade, gesmolten

INSTRUCTIES:
BEREIDING VAN DE FRUITLOEPTOLLEN:
a) Snijd al het fruit in kleine stukjes. Gebruik indien gewenst een stervormige uitsteker voor de mango.
b) Vul een ondiepe kom met water en dompel de Vietnamese rijstpapiervellen in het water, zorg ervoor dat ze aan beide kanten matig nat worden. Pas op dat u ze niet te lang laat weken, omdat ze dan te zacht kunnen worden.
c) Nadat je de rijstpapiertjes hebt geweekt, plaats je een portie van het voorbereide fruit op elk rijstpapiervel.
d) Plaats ze in het midden en rol ze vervolgens op als een burrito, terwijl je de twee zijflappen naar binnen vouwt.
BEREIDING VAN DE AARDBEIEN DIPSAUS:
e) Meng de aardbeien en het vruchtvlees van de passievrucht in een blender.
f) Mixen tot een gladde substantie. Dit wordt je aardbeiendipsaus.
PORTIE:
g) Serveer de fruitloempia's met de aardbeiendipsaus. Je kunt ook gesmolten pure chocolade aanbieden als alternatieve dipoptie.
h) Geniet op warme zomerdagen van je verfrissende en gezonde Fruitloempia's!

25.Zomerbroodjes met tropisch fruit

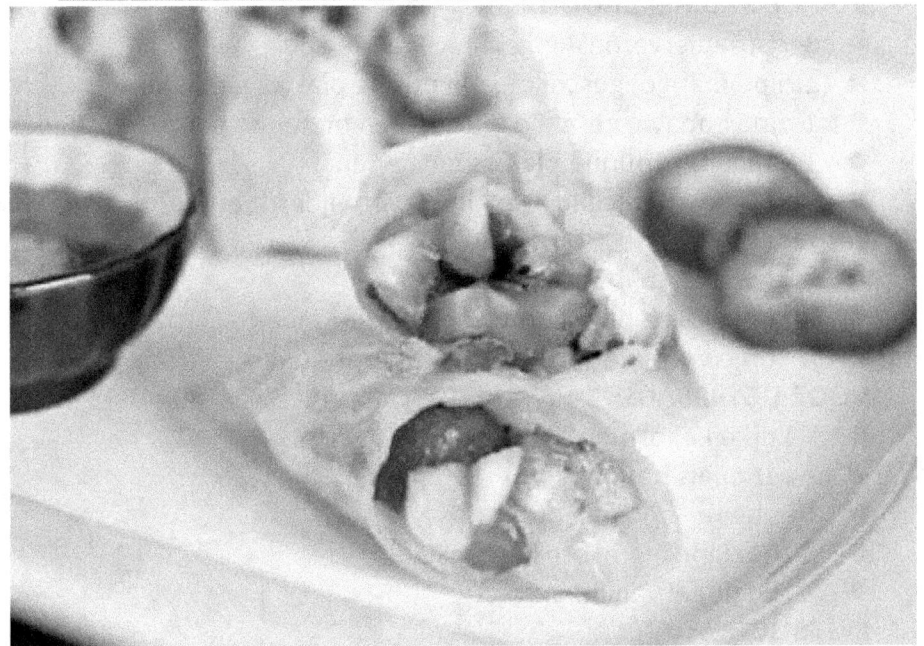

INGREDIËNTEN:
VOOR DE ZOMERBROODJES:
- 8 rijstpapierverpakkingen
- 1 rijpe mango, geschild en in dunne plakjes gesneden
- 1 rijpe papaya, geschild, gezaaid en in dunne plakjes gesneden
- 1 banaan, in dunne plakjes gesneden
- ½ ananas, geschild, klokhuis verwijderd en in dunne plakjes gesneden
- ½ kopje verse muntblaadjes
- ½ kopje verse basilicumblaadjes (optioneel)
- ½ kopje verse korianderblaadjes (optioneel)

VOOR DE DIPSAUS:
- ¼ kopje kokosmelk
- 2 eetlepels honing
- 1 eetlepel limoensap
- ½ theelepel geraspte limoenschil
- ½ theelepel vanille-extract

INSTRUCTIES:
VOOR DE DIPSAUS:
a) Klop in een kleine kom kokosmelk, honing, limoensap, limoenschil en vanille-extract tot alles goed gemengd is. Opzij zetten.

VOOR DE ZOMERBROODJES:
b) Bereid al het fruit en de kruiden voor door ze te wassen en in dunne reepjes te snijden.
c) Vul een ondiepe schaal met warm water. Plaats een rijstpapierverpakking één voor één in het warme water gedurende ongeveer 10-15 seconden, of totdat het zacht en buigzaam wordt.
d) Til het verzachte rijstpapier voorzichtig op en leg het op een schoon oppervlak, zoals een bord of een snijplank.
e) Leg op het onderste derde deel van het rijstpapier plakjes mango, papaya, banaan en ananas. Voeg een handvol verse muntblaadjes toe en indien gewenst basilicum- en korianderblaadjes voor extra smaak.
f) Vouw de zijkanten van het rijstpapier naar binnen en rol het vervolgens strak op, vergelijkbaar met het rollen van een burrito.
g) Herhaal het proces met de resterende rijstpapierwikkels en fruit.
h) Serveer de tropisch fruit zomerbroodjes met de bereide dipsaus.

26.Rijstpapierrollen met bessen en groenten

INGREDIËNTEN:
VOOR DE ZOMERBROODJES:
- 10 rijstpapierwikkels (kies uit twee maten: zomerrolletjes)
- 1,5 kopjes gekookte vermicelli-noedels (optioneel voor toegevoegde koolhydraten)
- ½ kopje aardbeien
- ½ kopje frambozen
- ½ kopje bramen

GROENTEN:
- 1 kleine Romeinse sla
- 1 wortel
- ½ komkommer
- 1 paprika
- ½ kopje paarse bloemkool (optioneel)
- ½ kopje rode kool
- 1 avocado
- Een handvol koriander
- Een handvol verse munt
- Een handvol Thaise basilicum
- Eetbare bloemen (optioneel)

EIWIT (OPTIONEEL):
- ½ kopje tofu

DIPS EN DRESSINGEN:
- Pinda dipsaus
- Saladedressing (aardbeien-, frambozen- of bramendressing)

INSTRUCTIES:
BEREID DE VULLINGEN
a) Begin met het koken van de vermicelli-noedels volgens de aanwijzingen op de verpakking, en zorg ervoor dat ze volledig afkoelen. Kort blancheren en afspoelen met koud water werkt goed.

b) Bereid de groenten en fruit door ze in dunne of julienne-stijl te snijden. Je kunt ook stempels gebruiken om leuke vormen te maken, zoals harten, bloemen of sterren. Voor tofu: julienne in dunne stokjes.

BEREID UW DIPSAUS/S

c) Voor het dippen van sauzen heb je verschillende mogelijkheden, zoals Pindakaasdipsaus, Mango zoete chilisaus of bessendressing (aardbei, framboos of braam).
d) Als alternatief kunt u de broodjes serveren met sojasaus.

BEREID HET RIJSTPAPIER
e) Maak de rijstpapierverpakkingen een voor een zacht door ze 5-10 seconden in warm water te dompelen.
f) Verwijder ze als ze buigzaam worden maar nog niet volledig zacht zijn geworden. Laat overtollig water wegdruipen en leg het op een vlakke ondergrond, zoals een vochtige snijplank of theedoek.

MONTEER DE ZOMERBROODJES
g) Het vullen van de rollen is eenvoudig. Begin ongeveer 2,5 cm vanaf de rand van de verpakking en leg laagjes op de vulling, zoals juliennegroenten, tofu (optioneel), plakjes bessen en kruiden. Indien gewenst kun je ook rijstnoedels toevoegen.
h) Houd rekening met de volgorde van de ingrediënten, aangezien de eerst geplaatste de bovenkant van de rol zijn.
i) Om de rollen in te wikkelen, stopt u de randen in en rolt u herhaaldelijk totdat ze verzegeld zijn. Het lijkt op het rollen van een burrito.
j) Voor esthetisch aantrekkelijke broodjes kunt u de zaden strooien en de gevormde plakjes fruit of groenten rangschikken voordat u de overige ingrediënten toevoegt.
k) Deze zomerbroodjes zijn het lekkerst direct of op dezelfde dag. Serveer ze met de dipsaus(en) van jouw voorkeur.
l) Bewaar eventuele restjes in de koelkast, individueel verpakt om te voorkomen dat het rijstpapier uitdroogt en barst.
m) Laat ze vóór consumptie weer op kamertemperatuur komen.

27.Op rozen geïnspireerde rijstpapierrollen

INGREDIËNTEN:
- 6 ons gedroogde rijstvermicelli-noedels
- ½ kopje vers geplukte culinaire rozenblaadjes
- 12 ronde rijstpapiertjes
- 1 ¼ kopje dun gesneden radijsjes en/of Engelse komkommers
- ¼ kopje verse muntblaadjes
- ¼ kopje verse korianderblaadjes

ROZEN DIPSAUS
- ¼ kopje sojasaus
- ¼ kopje rozenazijn

INSTRUCTIES:
a) Kook de noedels in een grote pan in kokend, licht gezouten water gedurende 2 tot 3 minuten of tot ze zacht zijn. Giet af, spoel af onder koud water en laat goed uitlekken.

b) Snijd de afgekoelde noedels in een ruime kom in korte stukken en meng ze met ¼ kopje rozenblaadjes.

c) Om de broodjes in elkaar te zetten: Giet warm water in een ondiepe kom of taartvorm. Neem één rijstpapier per keer en dompel het in het water totdat het buigzaam wordt.

d) Leg ongeveer ¼ kopje rijstnoedels op ongeveer een derde van de onderkant, richting het midden van het rijstpapier. Vouw de onderrand naar boven over de vulling en rol één keer strak op.

e) Plaats een deel van de groenten, kruiden en de overgebleven rozenblaadjes op het papier boven het opgerolde gedeelte. Stop de zijkanten naar binnen en blijf rollen om het rijstpapier rond de vulling te sluiten.

f) Herhaal dit proces met de resterende rijstpapieren. Serveer de broodjes met de Rozendipsaus.

ROZEN DIPSAUS:

g) Meng in een kleine kom ¼ kopje sojasaus en ¼ kopje rozenazijn.

h) Bestrooi met grofgemalen zwarte peper.

28. Tofu en Bok Choy rijstpapierrollen

INGREDIËNTEN:
- 12 verse babymaiskolven, horizontaal gehalveerd
- 24 baby paksoiblaadjes
- 300 gram stevige zijden tofu
- 2 kopjes (160 g) taugé
- Vierkante rijstpapiervellen van 24 x 17 cm

CHILISAUS:
- ⅓ kopje (80 ml) zoete chilisaus
- 1 eetlepel sojasaus

INSTRUCTIES:
a) Kook, stoom of magnetron de maïs en paksoi afzonderlijk tot ze gaar zijn. Droogleggen.
b) Meng ondertussen de ingrediënten voor de chilisaus in een kleine kom.
c) Halveer de tofu horizontaal en snijd elke helft in 12 gelijke reepjes.
d) Doe de tofu in een middelgrote kom en meng deze met de helft van de chilisaus.
e) Plaats een vel rijstpapier in een middelgrote kom met warm water tot het net zacht wordt.
f) Til het laken voorzichtig uit het water en plaats het op een met een theedoek bedekt plankje, met de hoek naar u toe gericht.
g) Plaats een tofustrook horizontaal in het midden van het vel en beleg deze met een stuk maïs, een paksoiblad en een paar spruitjes.
h) Vouw de hoek naar je toe over de vulling en rol het rijstpapier vervolgens op om de vulling te omsluiten. Vouw één kant naar binnen na de eerste volledige draai van de rol.
i) Herhaal dit proces met de resterende rijstpapiervellen, tofu, maïs, paksoi en spruitjes.
j) Serveer de broodjes met de overgebleven chilisaus om te dippen.

PIZZA

29. Zoete En Pittige Ananaspizza

INGREDIËNTEN:
- Extra vergine olijfolie, om in te vetten
- ½ pond brood en pizzadeeg zonder kneden
- ½ kopje Chipotle Salsa
- ¼ kopje verse koriander of basilicum, gehakt
- 1 kopje geraspte veganistische kaas
- 1 kop verse ananasstukjes
- ½ kopje geraspte veganistische kaas
- 2 groene uien, gehakt
- 1 kop babyrucola

INSTRUCTIES:
a) Verwarm de oven voor op 450 ° F. Vet een bakplaat in.
b) Rol het deeg op een licht met bloem bestoven werkblad uit tot een dikte van ¼ inch.
c) Leg het deeg voorzichtig op de voorbereide bakplaat. Verdeel de chipotle-salsa over het deeg en laat een rand van 2,5 cm vrij.
d) Strooi de koriander erover en daarna de fontina. Leg de ananas erop en maak af met vegan kaas.
e) Bak de pizza tot de korst goudbruin is en de kaas is gesmolten gedurende 10 tot 15 minuten.
f) Garneer met groene uien en rucola. Snijd en serveer.

30. Nectarine Witte Pizza

INGREDIËNTEN:
- 2 eetlepels extra vergine olijfolie, plus meer voor het invetten en besprenkelen
- ½ pond brood en pizzadeeg zonder kneden
- 1 eetlepel gehakte verse bieslook
- ¼ kopje licht verpakte verse basilicumblaadjes, gehakt, plus meer voor garnering
- 1 teentje knoflook, geraspt
- 1 theelepel gemalen rode pepervlokken
- 1½ kopjes geraspte veganistische kaas
- 1 nectarine of perzik, in dunne plakjes gesneden
- Kosjer zout en versgemalen peper
- 6 bramen
- Balsamicoazijn, om te besprenkelen
- Schat, voor de motregen

INSTRUCTIES:
a) Verwarm de oven voor op 450 ° F. Vet een bakplaat in.
b) Rol het deeg uit tot een dikte van ¼ inch.
c) Leg het deeg voorzichtig op de voorbereide bakplaat.
d) Verdeel de 2 eetlepels olijfolie over het deeg, laat een rand van 2,5 cm vrij, en strooi er vervolgens de gehakte bieslook, basilicum, knoflook en rode pepervlokken over. Voeg de veganistische kaas toe.
e) Leg de nectarines erop en besprenkel lichtjes met olijfolie. Breng op smaak met zout en peper. Bak tot de korst goudbruin is en de kaas is gesmolten, 10 tot 15 minuten.
f) Bestrooi met geraspte basilicum en bramen, indien gewenst, en besprenkel met azijn en honing. Snijd en serveer.

31.BBQ-aardbeienpizza

INGREDIËNTEN:
- 1 pizzadeeg
- 1 kopje veganistische kaas plus meer voor garnering
- 2 eetlepels balsamicoglazuur
- 2 kopjes gesneden aardbeien
- ⅓ kopje gehakte basilicum
- peper naar smaak
- 1 Eetlepel olijfolie om te besprenkelen

INSTRUCTIES:
a) Bereid de pizzabodem op de barbecue of in de oven.
b) Haal van het vuur en bestrijk met gekruide cashewroomkaas.
c) Bestrooi met basilicum en aardbeien.
d) Besprenkel met olijfolie en balsamicoglazuur en garneer met peper en meer veganistische kaas.

32.Vijgen En Radicchio Pizza

INGREDIËNTEN:
- 3 gedroogde Mission-vijgen
- ½ kopje droge rode wijn
- 2 eetlepels stukjes rauwe walnoot
- Meel voor alle doeleinden
- 6 ons bal No-Knead Pizzadeeg
- 2 eetlepels extra vergine olijfolie
- ½ kop radicchio, geraspt
- 2 ons veganistische kaas, in stukjes gesneden

INSTRUCTIES:

a) Verwarm de grill voor met het rek op 5 inch van het element of de vlam. Als je een gietijzeren koekenpan of grillpan voor de pizza gebruikt, zet deze dan op middelhoog vuur tot hij gloeiend heet wordt, ongeveer 15 minuten.

b) Breng de koekenpan of bakplaat over naar de grill.

c) Doe de vijgen in een koekenpan op matig vuur, giet de wijn erbij en breng aan de kook. Zet het vuur uit en laat de vijgen minimaal 30 minuten weken. Laat ze uitlekken en snij ze vervolgens in stukjes van een halve centimeter.

d) Rooster de stukjes walnoot in een droge koekenpan op middelhoog vuur gedurende 3 tot 4 minuten. Doe het op een bord, laat afkoelen en hak het vervolgens grof.

e) Om het deeg vorm te geven, bestuif je een werkblad met bloem en leg je de deegbal erop.

f) Bestrooi met bloem en kneed een paar keer tot het deeg samenhangt.

g) Vorm er een ronde cirkel van 20 cm van door vanuit het midden naar de randen te drukken, waardoor een rand van 1 inch dikker blijft dan de rest.

h) Open de ovendeur en schuif snel het rooster met het kookoppervlak erop naar buiten. Pak het deeg op en breng het snel over naar het kookoppervlak, waarbij u erop let dat u het oppervlak niet aanraakt.

i) Sprenkel 1 eetlepel olie op het deeg, strooi de stukjes walnoot erover, dan de radicchio, dan de gehakte vijgen en dan de kaas.

j) Schuif het rek terug in de oven en sluit de deur. Rooster de pizza tot de korst rond de randen is opgezwollen, de pizza op sommige plekken zwart is geworden en de kaas gedurende 3 tot 4 minuten is gesmolten.

k) Verwijder de pizza met een houten of metalen schil of een vierkant stuk karton, leg hem op een snijplank en laat hem een paar minuten rusten.

l) Sprenkel de resterende 1 eetlepel olie erover, snijd de pizza in vieren, leg hem op een bord en eet.

33.Pizza Bianca Met Perziken

INGREDIËNTEN:
- 12 ons pizzadeeg
- bloem voor alle doeleinden, om te bestrooien
- 2 eetlepels olijfolie
- 3 teentjes knoflook, fijngehakt
- 2 perziken, in plakjes gesneden
- 12 oz veganistische mozzarella, in stukjes gesneden
- ½ kopje geraspte veganistische mozzarella
- gemalen peper om te bestrooien
- ¼ kopje stevig verpakte basilicumblaadjes
- 1 eetlepel balsamicoglazuur, om te besprenkelen

INSTRUCTIES:
a) Verwarm de oven voor op 450F/230C. Bestrooi een pizzasteen met bloem voor alle doeleinden. Maak het pizzadeeg plat tot een ruwe cirkel van ¼ inch dik. Verf met olijfolie en bestrooi met gehakte knoflook.
b) Versier de pizza met de gesneden perziken en stukjes mozzarella, bestrooi met de geraspte mozzarella en een beetje peper.
c) Kook gedurende 15 tot 20 minuten, of tot de randen goudbruin zijn en de mozzarella in het midden borrelt. Haal van het vuur en laat 5 minuten afkoelen.
d) Versier de pizza met verse basilicumblaadjes en besprenkel met balsamicoglazuur.

34. Veganistische watermeloenfruitpizza

INGREDIËNTEN:
- ½ kopje ongezoete kokosmelk-yoghurtalternatief
- 1 theelepel pure ahornsiroop
- ¼ theelepel vanille-extract
- 2 grote ronde plakjes watermeloen, gesneden uit het midden van de meloen
- ⅔ kopje gesneden aardbeien
- ½ kopje gehalveerde bosbessen of bramen
- 2 eetlepels geroosterde ongezoete kokosvlokken

INSTRUCTIES:
a) Combineer yoghurtalternatieven, ahornsiroop en vanille in een kleine kom.
b) Verdeel ¼ kopje van het yoghurtmengsel over elke watermeloenronde.
c) Snij elke ronde in 8 partjes.
d) Werk af met aardbeien en bosbessen.
e) Bestrooi met kokos.

35.BBQ-jackfruitpizza

INGREDIËNTEN:
VOOR DE JACKFRUIT
- 20-ounce blikje jonge groene jackfruit in pekel of water, GEEN siroop
- ½ kopje ketchup
- ¼ kopje appelazijn
- ¼ kopje water
- 2 eetlepels tamari of sojasaus als je gluten niet vermijdt
- 1 eetlepel ahornsiroop
- 1 eetlepel gele mosterd
- 1 theelepel gerookte paprikapoeder
- 1 theelepel knoflookpoeder
- 1 theelepel uienpoeder

VOOR DE PIZZA
- 2 12-inch meergranen flatbreads/deeg
- ½ recept veganistische mozzarellakaas
- ¼ kopje rode ui in dunne plakjes gesneden

INSTRUCTIES:
a) Begin met het maken van je veganistische mozzarellakaas. Zet het daarna in de koelkast terwijl je de rest klaarmaakt, zodat het wat steviger wordt en je het gemakkelijker op je korst kunt scheppen.
b) Giet de jackfruit af en spoel hem goed af om de pekelsmaak weg te spoelen. Doe het vervolgens in een keukenmachine en pulseer tot het versnipperd is. Niet verwerken, je wilt dikke stukken, geen gehakt.
c) Je kunt de jackfruit ook op een snijplank leggen en de stukken met je vingers of twee vorken uit elkaar trekken. Opzij zetten.

OM DE JACKFRUIT TE KOKEN
d) Meng alle sausingrediënten in een kleine kom en zet opzij.
e) Doe de geraspte jackfruit in een pan en giet de saus erover. Bak op middelhoog vuur, af en toe roerend, tot de saus grotendeels is opgenomen. Dit duurt ongeveer 8-10 minuten.

MONTAGE
f) Verwarm uw oven voor op 425 graden F en bekleed een grote bakplaat zodat beide flatbreads passen met bakpapier, of gebruik twee kleinere bakplaten.
g) Verdeel de jackfruit over je twee flatbreads en schep de vegan mozzarella met een meloenballer of theelepel. Verdeel de kaas over de pizza en strooi de rode ui erover. Bak gedurende 13-18 minuten, of tot de randen goudbruin zijn en de mozzarella lichtjes gesmolten is.

36.Pompoenpizza Met Appels En Pecannoten

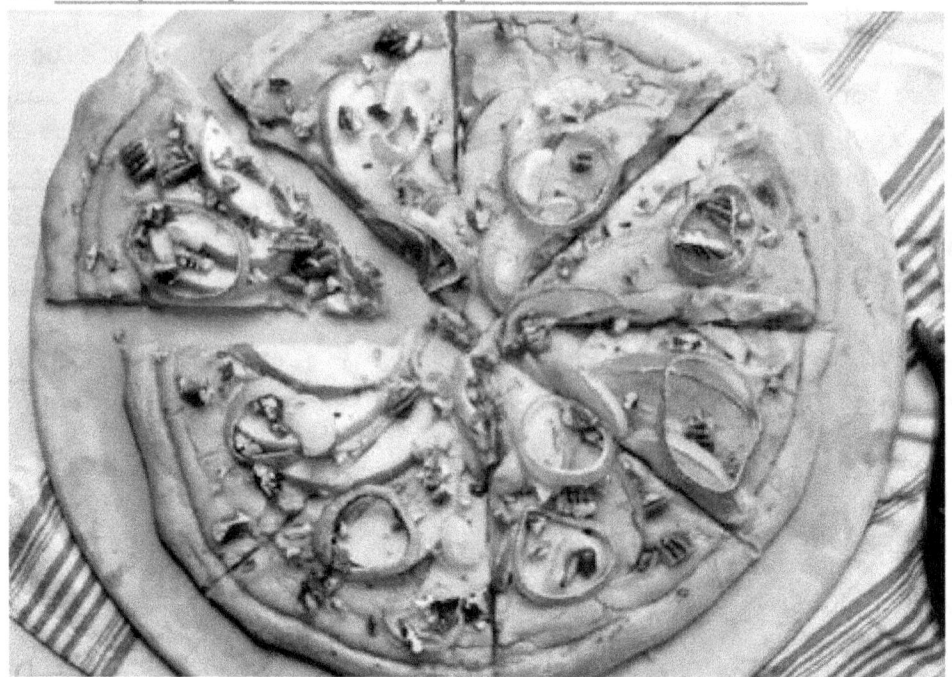

INGREDIËNTEN:
VOOR DE BUTTERNUT SQUASH SAUS:
- 4 kopjes in blokjes gesneden pompoen
- 2 eetlepels extra vergine olijfolie
- 1 middelgroot teentje knoflook, gepeld
- 1 eetlepel edelgistvlokken
- 1 theelepel Dijon-mosterd
- 1 theelepel verse tijmblaadjes
- Snuf rode pepervlokken
- ½ theelepel koosjer zout + meer naar smaak
- ⅛ theelepel versgemalen zwarte peper + meer naar smaak

VOOR DE PIZZA:
- 1 pond 16 ounces zelfgemaakt of in de winkel gekocht pizzadeeg
- 1 portie pompoensaus
- 2 middelgrote appels
- ½ kleine rode ui, in dunne plakjes gesneden
- ⅓ kopje pecannoten, gehakt
- 2 eetlepels olijfolie
- Een paar snufjes koosjer zout of zeezout
- Een paar blaadjes verse tijm

INSTRUCTIES:
a) Verwarm de oven voor op 450 graden Fahrenheit.

b) Maak de saus. Vul een grote pan voor de helft met water en zet op hoog vuur. Pompoenpompoen toevoegen. Breng aan de kook en kook tot het gaar is, 6-7 minuten.

c) Giet de pompoen af in een vergiet en laat een paar minuten afkoelen. Voeg toe aan de kan van een hogesnelheidsblender of de kom van een keukenmachine met het S-mes. Voeg de overige ingrediënten toe en pureer tot een gladde massa. Als de saus iets verdund moet worden, voeg dan nog wat olijfolie toe, ongeveer een theelepel per keer.

d) Verdeel het deeg in de gewenste vorm en dikte op een bakplaat of pizzasteen. Voeg de pompoensaus toe en verdeel met een lepel. Leg er appels op, dan uien en dan pecannoten. Besprenkel met 2 eetlepels olijfolie en strooi er een paar snufjes zout over.

e) Bak tot de korst goudbruin en gaar is, de appels en de ui zacht zijn en de pecannoten geroosterd maar niet verbrand zijn, ongeveer 10 minuten.

f) Bestrooi met verse tijm e.

37.Portobello En Zwarte Olijfpizza

INGREDIËNTEN:
- 1 pizzadeeg
- 2 eetlepels olijfolie
- 2 portobello-champignondoppen, in plakjes van ¼ inch gesneden
- 1 eetlepel fijngehakte verse basilicum
- ¼ theelepel gedroogde oregano
- Zout en versgemalen zwarte peper
- ½ kopje pizzasaus of marinarasaus

INSTRUCTIES:
a) Maak het gerezen deeg een beetje plat, bedek het met plasticfolie of een schone theedoek en laat het 10 minuten rusten.
b) Plaats het ovenrek op het laagste niveau van de oven. Verwarm de oven voor op 450 ° F. Vet een pizzavorm of bakplaat licht in.
c) Leg het ontspannen deeg op een licht met bloem bestoven werkoppervlak en maak het plat met je handen, draai het regelmatig en bebloem het, en werk het in een ronde van 30 cm. Zorg ervoor dat u het midden niet te veel bewerkt, anders wordt het midden van de korst te dun. Breng het deeg over naar de voorbereide pizzavorm of bakplaat.
d) Verhit 1 eetlepel olie in een koekenpan op matig vuur.
e) Voeg de champignons toe en kook tot ze zacht zijn, ongeveer 5 minuten. Haal van het vuur en voeg de basilicum, oregano en zout en peper naar smaak toe. Roer de olijven erdoor en zet opzij.
f) Verdeel de resterende 1 eetlepel olie over het voorbereide pizzadeeg en gebruik uw vingertoppen om het gelijkmatig te verdelen. Bestrijk met de pizzasaus en verdeel gelijkmatig tot ongeveer ½ inch vanaf de rand van het deeg. Verdeel het groentemengsel gelijkmatig over de saus, tot ongeveer ½ inch van de rand van het deeg.
g) Bak tot de korst goudbruin is, ongeveer 12 minuten. Snij de pizza in 8 punten en serveer warm.

38. Veganistische pizza met witte champignons

INGREDIËNTEN:
- 1 pizzadeeg
- 2 eetlepels olijfolie
- ½ kopje dun gesneden rode ui
- ¼ kopje gehakte rode paprika
- 1 kopje gesneden witte champignons
- ½ kopje pizzasaus of marinarasaus
- ¼ theelepel gedroogde basilicum
- Zout en versgemalen zwarte peper
- 2 eetlepels gesneden ontpitte Kalamata-olijven

OPTIONELE TOPPINGEN:
- Gebakken courgette
- Gesneden hete pepers
- Artisjokharten
- Zongedroogde tomaten

INSTRUCTIES:
a) Plaats het ovenrek op het laagste niveau van de oven. Verwarm de oven voor op 450 ° F. Vet een pizzavorm of bakplaat licht in.
b) Zodra het pizzadeeg is gerezen, maakt u het deeg een beetje plat, dekt u het af met plasticfolie of een schone handdoek en legt u het opzij om het 10 minuten te laten rusten.
c) Leg het deeg op een met bloem bestoven oppervlak en gebruik je handen om het plat te maken, draai het regelmatig en bebloem het, en werk het in een ronde van 30 cm. Zorg ervoor dat u het midden niet te veel bewerkt, anders wordt het midden van de korst te dun. Breng het deeg over naar de voorbereide pizzavorm of bakplaat.
d) Verhit 1 eetlepel olie in een koekenpan op matig vuur. Voeg de ui, paprika en champignons toe en kook tot ze zacht zijn, ongeveer 5 minuten. Haal van het vuur en zet opzij.
e) Verdeel de resterende 1 eetlepel olie over het voorbereide pizzadeeg en gebruik uw vingertoppen om het gelijkmatig te verdelen.
f) Bestrijk met de pizzasaus en verdeel gelijkmatig tot ongeveer ½ inch vanaf de rand van het deeg. Bestrooi met oregano en basilicum.
g) Verdeel het groentemengsel gelijkmatig over de saus tot ongeveer ½ inch van de rand van het deeg.
h) Breng op smaak met zout en zwarte peper. Bestrooi met de olijven en eventueel gewenste toppings.
i) Bak tot de korst goudbruin is, ongeveer 12 minuten. Snij de pizza in 8 punten en serveer warm.

39. Mini-portobello-pizza's

INGREDIËNTEN:
- 1 Trostomaat, in dunne plakjes gesneden
- ¼ kopje verse gehakte basilicum
- Snufje natriumarm zout en peper
- 4 ons veganistische kaas
- 20 plakjes peperoni
- 6 eetlepels olijfolie
- 4 Portobello-champignondoppen

INSTRUCTIES:
a) Schraap alle binnenkant van de paddenstoel eruit.
b) Verwarm de oven voor op hoge grill en bestrijk de binnenkant van de champignons met olijfolie. Breng op smaak met zout en peper.
c) Rooster de champignon gedurende 3 minuten.
d) Draai de champignons om, bestrijk ze met olijfolie en breng ze op smaak met zout en peper.
e) Laat nog 4 minuten koken.
f) Leg in elke paddenstoel een blaadje tomaat en basilicum.
g) Beleg elke champignon met 5 stukjes peperoni en veganistische kaas.
h) Rooster nog 2 minuten.

40. Milde microgroene bospizza

INGREDIËNTEN:
- 1 pizzadeeg
- ½ kopje chimichurri
- ½ kopje verse veganistische kaas, gedeeltelijk bevroren en geraspt
- 4 ons cremini-paddenstoel, in plakjes gesneden
- 2 ons broccolini
- 1½ kopjes rucola
- ⅓ kopje geschaafde veganistische kaas
- Milde mix microgroenten

INSTRUCTIES:
a) Bestrijk een pizzaschep met maïsmeel of griesmeel. Je moet je pizzaschep met meer stof bestuiven dan je denkt om te voorkomen dat hij blijft plakken, zodat je pizza van de pizzasteen glijdt.
b) Ga aan de kant.
c) Wanneer u klaar bent om het deeg te vormen en uw pizza te bouwen, verwarmt u uw oven voor met de pizzasteen.
d) Plaats de steen op het onderste derde deel van uw oven en verwarm voor op 500°.
e) Zodra mijn oven is voorverwarmd, stel ik een timer in op 30 minuten.
f) Leg het pizzadeeg op een royaal met bloem bestoven oppervlak.
g) Rek het uit tot een pizzavorm of verdeel het eerst in tweeën om twee aparte pizza's te maken. Kleinere pizza's zijn gemakkelijker over te brengen van de schil naar de pizzasteen.
h) Zorg ervoor dat er een rand of korstrand overblijft.
i) Breng het deeg over naar de voorbereide schil.
j) Schep de chimichurri en verdeel deze over het midden van de pizza. Bestrijk met de meeste veganistische kaas. Beleg vervolgens met gesneden cremini-champignons en broccolini-roosjes.
k) Bak gedurende 6 tot 9 minuten. Of totdat de korst goudbruin is, de kaas is gesmolten en de broccolini en champignons gaar zijn. Halverwege het bakken draai ik de pizza om.
l) Verwijder en snijd. Werk af met rucola, meer kaas, zwarte peper en microgroenten.

41. Cantharelpizza Met Veganistische Kaas

INGREDIËNTEN:
- 2 pizzadeeg
- ½ kopje tomatenpuree
- ¼ theelepel zout
- 1 snufje knoflookpoeder
- 1 portie Veganistische Kaassaus
- 3 kopjes cantharellen
- 1 eetlepel gehakte verse basilicum
- 1 eetlepel verse oregano

INSTRUCTIES:
a) Verwarm de oven voor op 250°C/480°F.
b) Verdeel het pizzadeeg in twee gelijke stukken en rol ze elk op een met bloem bestoven bakpapier uit tot een mooie pizzabodem.
c) Meng de tomatenpuree met het zout en de knoflookpoeder.
d) Voeg het toe aan het deeg en verdeel het met een grote lepel.
e) Bereid de Vegan Kaassaus en voeg deze toe aan de pizza.
f) Was en reinig de cantharellen. Snijd de grote doormidden en voeg ze toe aan de pizza.
g) Zet de pizza in de oven en bak ongeveer 10-15 minuten.
h) Beleg de pizza na het bakken met verse basilicum en oregano. Genieten!

42. Veganistische witte pizza met champignons en sjalot

INGREDIËNTEN:
- 16-ounce pakket kant-en-klaar pizzadeeg
- meel voor het uitrollen van deeg
- 3 eetlepels zongedroogde tomatenolie uit het potje, gescheiden
- 4 shiitake-paddenstoelenstengels verwijderd en in dunne plakjes gesneden
- 1 sjalot in dunne plakjes gesneden
- zout en peper naar smaak
- 1 theelepel verse tijm fijngehakt
- 1 theelepel verse basilicum fijngehakt
- 1 teentje knoflook fijngehakt
- 4 eetlepels veganistische roomkaas
- 3 eetlepels veganistische creamer
- ¼ kopje zongedroogde tomaten, grof gesneden, olie uitgelekt
- rucola, olijfolie, basilicum en rode pepervlokken voor serveren

INSTRUCTIES:
a) Leg het deeg op een licht met bloem bestoven oppervlak en verwarm de oven voor op 500 graden. Laat het deeg op kamertemperatuur komen en laat de oven 30 minuten voorverwarmen.

b) Terwijl het deeg rust, doe je 1 eetlepel zongedroogde tomatenolie in een pan op middelhoog vuur. Voeg de champignons, sjalotten en een snufje peper toe en roer om te combineren. Kook gedurende 5 minuten, roer slechts een paar keer. Voeg een snufje zout toe en kook nog een paar minuten.

c) Haal van het vuur en zet opzij.

d) Voeg de resterende 2 eetlepels olie toe aan een kom met de tijm, basilicum en knoflook. Roer om te combineren en zet opzij.

e) Doe de roomkaas en de creamer in een kom en klop tot een gladde massa. Opzij zetten.

f) Om het deeg in elkaar te zetten, spreidt u het deeg uit op een licht geoliede bakplaat. Spreid uit naar de gewenste vorm. Verdeel het olie/kruidenmengsel over het deeg. Werk af met zongedroogde tomaten. Giet het roomkaasmengsel over de tomaten. Verdeel tenslotte de champignons/sjalotten erover. Plaats in de oven en bak gedurende 10 minuten. Draai de pizza om en bak nog 3 minuten.

g) Haal uit de oven en beleg met rucola, basilicum, rode pepervlokken, een snufje zout en een scheutje olijfolie.

h) Snijd en serveer!

43.Gele Tomaten Witte pizza

INGREDIËNTEN:
- 2 pizzadeeg
- 1 Yukon Gold-aardappel, geschild en in plakjes van ¼ inch gesneden
- Zout en versgemalen zwarte peper
- 2 eetlepels olijfolie
- 1 Vidalia of andere zoete ui, in plakjes van ¼ inch gesneden
- 6 tot 8 verse basilicumblaadjes
- 2 rijpe gele tomaten, in plakjes van ¼ inch gesneden

INSTRUCTIES:
a) Plaats het ovenrek op het laagste niveau van de oven. Verwarm de oven voor op 450° F. Schik de aardappelschijfjes op een licht ingevette bakplaat en breng op smaak met peper en zout. Bak tot ze zacht en goudbruin zijn, ongeveer 10 minuten. Opzij zetten. Vet een pizzavorm of bakplaat licht in.

b) Zodra het pizzadeeg is gerezen, maakt u het deeg een beetje plat, dekt u het af met plasticfolie of een schone handdoek en legt u het opzij om het 10 minuten te laten rusten.

c) Leg het ontspannen deeg op een licht met bloem bestoven oppervlak en maak het plat met je handen, draai het regelmatig en bebloem het, en werk het in een ronde van 30 cm. Zorg ervoor dat u het midden niet te veel bewerkt, anders wordt het midden van de korst te dun. Breng het deeg over naar de voorbereide pizzavorm of bakplaat.

d) Verhit 1 eetlepel olie in een koekenpan op matig vuur. Voeg de ui toe en kook tot hij zacht en gekarameliseerd is, onder regelmatig roeren gedurende ongeveer 30 minuten. Haal van het vuur, breng op smaak met oregano en zout en peper naar smaak en zet opzij.

e) Verdeel de resterende 1 eetlepel olijfolie over het voorbereide pizzadeeg en verdeel het gelijkmatig met uw vingertoppen. Bestrijk met de gekarameliseerde ui en spreid gelijkmatig uit tot ongeveer ½ inch

f) vanaf de rand van het deeg. Bestrooi met de basilicumblaadjes en verdeel de aardappel- en tomatenschijfjes over de uien en basilicum.

g) Bak tot de korst goudbruin is, ongeveer 12 minuten. Snij de pizza in 8 punten en serveer warm.

44.Broccoli Pizza

INGREDIËNTEN:
- Universele bloem voor het bestuiven van een pizzaschep of anti-aanbakspray voor het invetten van een pizzaplaat
- 1 zelfgemaakt deeg
- 2 eetlepels ongezouten boter
- 2 eetlepels bloem voor alle doeleinden
- 1¼ kopjes gewone kokosmelk
- 6 ons veganistische kaas, versnipperd
- 1 theelepel Dijon-mosterd
- 1 theelepel gesteelde tijmblaadjes of ½ theelepel gedroogde tijm
- ½ theelepel zout
- Enkele scheutjes hete rode pepersaus
- 3 kopjes verse broccoliroosjes, gestoomde of bevroren broccoliroosjes, ontdooid
- 2 ons veganistische kaas, fijn geraspt

INSTRUCTIES:

a) Bestuif een pizzaschep met bloem. Plaats het deeg in het midden van de schil en vorm het deeg tot een cirkel door er met uw vingertoppen kuiltjes in te maken.

b) Pak het deeg op en draai het door de rand vast te houden, terwijl je het lichtjes trekt totdat de korst een cirkel is van ongeveer 30 cm in diameter. Leg het met de bloemkant naar beneden op de schil.

c) Smeer de een of de ander in met anti-aanbakspray. Leg het deeg op de bakplaat of bakplaat en maak met je vingertoppen kuiltjes in het deeg tot het een platte cirkel is. Smelt de boter in een pan op matig vuur. Klop de bloem erdoor tot een gladde massa en het resulterende mengsel wordt heel lichtblond, ongeveer 1 minuut.

d) Zet het vuur middelhoog en klop de kokosmelk erdoor en giet het in een langzame, gestage stroom bij het boter- en bloemmengsel. Blijf op het vuur kloppen tot het dikker wordt.

e) Haal de pan van het vuur en klop de geraspte veganistische kaas, mosterd, tijm, zout en hete rode pepersaus erdoor. Laat 10 tot 15 minuten afkoelen, af en toe kloppend.

f) Als u vers deeg gebruikt, schuif dan de gevormde maar nog niet bedekte korst van de schil naar de hete steen of plaats de korst op de bakplaat of bakplaat in de oven of op het onverwarmde gedeelte van het grillrooster.

g) Bak of gril met gesloten deksel tot de korst lichtbruin is en zorg ervoor dat eventuele luchtbellen die over het oppervlak of aan de rand ontstaan, ongeveer 12 minuten worden verwijderd.

h) Schuif de schil terug onder de korst om deze van de steen te verwijderen, of plaats de pizzaplaat met de korst op een rooster.

i) Verdeel de dikke kaassaus over de korst en laat aan de rand een rand van ½ inch vrij. Garneer met de broccoliroosjes.

45.Snijbietpizza

INGREDIËNTEN:
- 1 zelfgemaakt deeg,
- 2 eetlepels ongezouten boter
- 3 teentjes knoflook, fijngehakt
- 4 kopjes stevig verpakte, versnipperde snijbietbladeren met stengel
- 6 ons veganistische kaas, versnipperd
- ½ theelepel geraspte nootmuskaat
- ½ theelepel rode pepervlokken, optioneel

INSTRUCTIES:

a) Bestuif een pizzaschep met bloem en leg het deeg in het midden. Vorm het deeg tot een cirkel door er met uw vingertoppen kuiltjes in te maken.

b) Vers pizzadeeg op een pizzasteen. Bestuif een pizzaschep met maïsmeel en leg het deeg in het midden. Vorm er een cirkel van door er met uw vingertoppen kuiltjes in te maken. Pak het op en vorm het met je handen, houd de rand vast en draai het deeg langzaam totdat het een diameter van ongeveer 14 inch heeft. Leg het met de bloemkant naar beneden op de schil.

c) Smeer een van beide met antiaanbakspray. Leg het deeg op de bakplaat of bakplaat en maak met uw vingertoppen kuiltjes in het deeg. Trek er vervolgens aan en druk erop totdat het een cirkel van 14 inch op de bakplaat of een onregelmatige rechthoek van 12 x 7 inch op de bakplaat vormt.

d) Plaats hem op een pizzaschep als je een pizzasteen gebruikt, of plaats de gebakken korst direct op een pizzaplaat.

e) Verhit de boter in een koekenpan op matig vuur. Voeg de knoflook toe en kook 1 minuut.

f) Voeg de greens toe en kook, vaak roerend met een tang of twee vorken, tot ze zacht en verwelkt zijn, ongeveer 4 minuten. Opzij zetten.

g) Strooi de geraspte veganistische kaas over het deeg en laat een rand van ½ inch rond de rand vrij.

h) Bestrijk met het groentemengsel uit de koekenpan en strooi de kaas over de pizza. Rasp de nootmuskaat erover en strooi er eventueel de rode pepervlokken over.

i) Schuif de pizza van de schil op de hete steen of plaats de taart op de bakplaat of op een bakplaat met bloem, in de oven of op het onverwarmde gedeelte van de grill. Bak of grill met gesloten deksel tot de kaas is gesmolten en borrelt en de korst stevig aanvoelt, 16 tot 18 minuten.

j) Schuif de schil terug onder de taart om hem van de hete steen te halen en leg hem opzij, of leg de taart op de bakplaat of bakplaat op een rooster.

k) Laat 5 minuten afkoelen alvorens te snijden.

46.Erwten En Wortelenpizza

INGREDIËNTEN:
- 1 zelfgemaakt deeg
- 2 eetlepels ongezouten boter
- 1½ eetlepel bloem voor alle doeleinden
- ½ kopje kokosmelk
- ½ kopje zware, slagroom of lichte room 3 ons
- 2 theelepels gesteelde tijmblaadjes
- ½ theelepel geraspte nootmuskaat
- 1 kopje verse erwten zonder dop of bevroren erwten, ontdooid
- 1 kop in blokjes gesneden wortelen
- 3 teentjes knoflook, fijngehakt
- 1 ons veganistische kaas, fijn geraspt

INSTRUCTIES:
a) Bestuif een pizzaschep met bloem, plaats het deeg in het midden en druk het deeg met uw vingertoppen in een platte cirkel. Pak het op en vorm het door de rand vast te houden, langzaam te draaien en het deeg voorzichtig uit te rekken tot de cirkel een diameter van ongeveer 30 cm heeft.
b) Leg het deeg met de bloemkant naar beneden op de schil.
c) Vet beide in met anti-aanbakspray en leg het deeg in het midden van beide. Maak met uw vingertoppen een kuiltje in het deeg tot het een afgeplatte, platgedrukte cirkel is. Trek er vervolgens aan en druk erop totdat het een cirkel van 14 inch op de bakplaat of een onregelmatige rechthoek van 12 x 7 inch op de bakplaat vormt.
d) Plaats het op een met bloem bestoven pizzaschep als je een pizzasteen gebruikt, of plaats de gebakken korst direct op een pizzaplaat.
e) Smelt de boter in een koekenpan op matig vuur. Klop de bloem erdoor en blijf kloppen tot een gladde en zeer lichtbeige massa.
f) Klop de kokosmelk er in een langzame, gestage stroom door en klop vervolgens de room erdoor.
g) Roer de geraspte kaas, tijm en nootmuskaat erdoor tot een gladde massa. Koel bij kamertemperatuur gedurende 10 minuten.

h) Schuif ondertussen de onbedekte korst van de schil op de verwarmde steen of plaats de korst op de bakplaat in de oven of op het onverwarmde gedeelte van het grillrooster.
i) Bak of grill met gesloten deksel totdat de korst net stevig begint aan te voelen aan de randen en net bruin begint te worden gedurende ongeveer 10 minuten.
j) Schuif de schil terug onder de gedeeltelijk gebakken korst en haal hem uit de oven of grill, of leg de korst op de bakplaat of bakplaat op een rooster.
k) Verdeel de ingedikte saus op basis van kokosmelk over de korst en laat een rand van ½ inch aan de rand vrij.
l) Bestrijk de saus met de erwten en wortels en strooi de knoflook gelijkmatig over de taart. Strooi tenslotte de geraspte vegan kaas over de toppings.

47. Aardappel, Ui En Chutney Pizza

INGREDIËNTEN:
- 1 zelfgemaakt deeg
- 12 ons witte kokende aardappelen, geschild
- 6 eetlepels mangochutney
- chutney
- 6 ons veganistische kaas, geraspt
- 3 eetlepels gehakte dilleblaadjes of 1 eetlepel gedroogde dille
- 1 zoete ui

INSTRUCTIES:
a) Bestuif een pizzaschep lichtjes met bloem. Voeg het deeg toe en vorm er een cirkel van door er met uw vingertoppen kuiltjes in te maken. Pak het op, houd de rand vast en draai het langzaam, terwijl je het de hele tijd uitrekt, totdat het een diameter van ongeveer 30 cm heeft. Leg het deeg met de bloemkant naar beneden op de schil.

b) Vet de bakplaat of bakplaat in met anti-aanbakspray. Leg het deeg in het midden van een van beide kuiltjes in het deeg met je vingertoppen tot het een dikke, afgeplatte cirkel is. Trek vervolgens aan het deeg en druk het aan totdat het een cirkel van 14 inch op de bakplaat vormt of een onregelmatige rechthoek van 12 x 7 inch op de bakplaat. bakplaat.

c) Plaats hem op een pizzaschep als je een pizzasteen gebruikt, of plaats de gebakken korst op een pizzaplaat. Terwijl de oven of grill opwarmt, breng je ongeveer 2,5 cm water aan de kook in een pan met een groentestomer. Voeg de aardappelen toe, dek af, zet het vuur middelhoog en stoom tot ze gaar zijn als je er met een vork in prikt, ongeveer 10 minuten. Doe het over in een vergiet in de gootsteen en laat het 5 minuten afkoelen. Snijd het vervolgens in zeer dunne rondjes.

d) Verdeel de chutney gelijkmatig over de voorbereide korst en laat een rand van ongeveer ½ inch aan de rand vrij. Bestrijk gelijkmatig met de geraspte veganistische kaas. Verdeel de aardappelschijfjes gelijkmatig en decoratief over de taart en bestrooi ze met de dille. Snijd de ui door de stengel doormidden. Leg het met de snijkant naar beneden op je snijplank en gebruik een heel scherp mes om flinterdunne plakjes te maken. Verdeel deze plakjes in reepjes en leg deze over de taart.

e) Schuif de taart van de schil naar de zeer hete steen en zorg ervoor dat de toppings op hun plaats blijven, of plaats de taart op de bakplaat of bakplaat in de oven of op het gedeelte van het grillrooster dat niet direct boven de warmtebron ligt. . Bak of gril met gesloten deksel tot de korst lichtbruin is aan de rand en nog donkerder bruin aan de onderkant, 16 tot 18 minuten. Als er luchtbellen ontstaan aan de rand of in het midden van het verse deeg, prik deze dan los met een vork, zodat er een gelijkmatige korst ontstaat.

f) Schuif de schil terug onder de hete taart op de steen of leg de taart op de bakplaat of bakplaat op een rooster. Laat het 5 minuten afkoelen voordat u het snijdt en serveert.

48.Pizza Met Geroosterde Wortels

INGREDIËNTEN:
- Universele bloem voor het bestuiven van de pizzaschep of olijfolie voor het invetten van de pizzaplaat
- 1 zelfgemaakt deeg
- ½ knoflookkop
- ½ zoete aardappelen, geschild, in de lengte gehalveerd en in dunne plakjes gesneden
- ½ venkelknol, gehalveerd, schoongemaakt en in dunne plakjes gesneden
- ½ pastinaak, geschild, in de lengte gehalveerd en in dunne plakjes gesneden
- 1 eetlepel olijfolie
- ½ theelepel zout
- 4 ons veganistische kaas, versnipperd
- 1 ons veganistische kaas, fijn geraspt
- 1 eetlepel stroperige balsamicoazijn

INSTRUCTIES:
a) Bestuif een pizzaschep lichtjes met bloem. Voeg het deeg toe en vorm er een cirkel van door er met uw vingertoppen kuiltjes in te maken. Pak het op, houd het met beide handen bij de rand vast en draai het langzaam, waarbij je de rand elke keer een beetje uitrekt, totdat de cirkel een diameter van ongeveer 30 cm heeft. Leg de met bloem bestrooide kant naar beneden op de schil.

b) Vet de bakplaat of bakplaat in met wat olijfolie, gedept op keukenpapier. Leg het deeg met uw vingertoppen in het midden van het deeg en trek het vervolgens aan en druk het aan totdat het een cirkel van 14 inch op de bakplaat vormt of een onregelmatige rechthoek, ongeveer 12 x 7 inch, op de bakplaat.

c) Plaats het op een met bloem bestoven pizzaschep als je een pizzasteen gebruikt, of plaats de gebakken korst direct op een pizzaplaat.

d) Verpak de ongepelde teentjes knoflook in een pakje aluminiumfolie en bak of gril direct boven het vuur gedurende 40 minuten.

e) Meng ondertussen de zoete aardappel, venkel en pastinaak in een kom met olijfolie en zout. Giet de inhoud van de kom op een bakplaat. Plaats in de oven of op het onverwarmde gedeelte van de grill en rooster, af en toe draaiend, tot ze zacht en zoet zijn, 15 tot 20 minuten.

f) Doe de knoflook op een snijplank en open het pakje, let op de stoom. Zet ook de bakplaat met de groenten opzij op een rooster.

g) Verhoog de temperatuur van de oven of gasgrill tot 450 ° F, of voeg nog een paar kolen toe aan de houtskoolgrill om de hitte iets te verhogen.
h) Verdeel de geraspte veganistische kaas over de voorbereide korst en laat een rand van ½ inch aan de rand vrij. Bestrijk de kaas met alle groenten en druk de vlezige, zachte knoflook uit de papierachtige schillen en op de taart. Bestrooi met de geraspte veganistische kaas.
i) Schuif de pizza van de schil naar de hete steen of plaats de pizza op de bakplaat of bakplaat in de oven of op het onverwarmde gedeelte van de grill.
j) Bak of gril met gesloten deksel tot de korst goudbruin is geworden en zelfs een beetje donkerder is geworden aan de onderkant totdat de kaas is gesmolten en bruin begint te worden, 16 tot minuten.
k) Schuif de schil terug onder de korst om hem van de hete steen te halen of leg de pizza op de bakplaat of bakplaat op een rooster. Zet 5 minuten opzij.
l) Zodra de taart een beetje is afgekoeld, besprenkel je deze met de balsamicoazijn en snijd je hem in partjes om te serveren.

49.Rucola Salade Pizza

INGREDIËNTEN:
- Eén volkoren pizzadeeg
- Maïsmeel
- ⅓ kopje marinarasaus
- 1½ theelepel gedroogde oregano
- 1 kopje geraspte veganistische kaas
- 2 kopjes gemengde verse rucola en babyspinazie
- 1½ kopjes verse gele kerstomaatjes gehalveerd
- ½ rode paprika, in blokjes gesneden
- 1 rijpe avocado, in plakjes gesneden ¼ kopje geroosterde pistachenoten
- 1 eetlepel balsamicoazijn

INSTRUCTIES:
a) Verwarm de oven voor op 350 ° F.
b) Rol het pizzadeeg uit zodat het in een 14-inch pizzapan of pizzasteen past.
c) Bestrooi de pan of steen met maïsmeel en leg het deeg erop.
d) Verdeel de marinarasaus over het deeg en strooi de oregano en vegan kaas erover.
e) Plaats de pan of steen in de oven en bak gedurende 30 tot 35 minuten, totdat de korst goudbruin is en stevig aanvoelt.
f) Haal op het laatste moment voor het serveren de korst uit de oven en beleg met de rucola en babyspinazie, tomaten, paprika, avocado en pistachenoten.
g) Het groen zal snel verwelken. Besprenkel met azijn en olijfolie. Serveer onmiddellijk.

50.Gekarameliseerde Uienpizza

INGREDIËNTEN:
- ¼ kopje olijfolie voor het bakken van uien
- 6 kopjes dun gesneden uien
- 6 teentjes knoflook
- 3 eetlepels verse tijm
- 1 laurierblad
- zout en peper
- 2 eetlepels olie om over de pizza te druppelen
- 1 eetlepel uitgelekte kappertjes
- 1½ eetlepel pijnboompitten

INSTRUCTIES:

a) Verhit ¼ kopje olijfolie en voeg de uien, knoflook, tijm en laurier toe.

b) Kook, af en toe roerend, tot het meeste vocht is verdampt en het uienmengsel ongeveer 45 minuten heel zacht, bijna glad en gekaramelliseerd is.

c) Gooi het laurierblad weg en breng op smaak met peper en zout.

d) Bestrijk het deeg met het uienmengsel, bestrooi met kappertjes en pijnboompitten en besprenkel met de resterende olijfolie als je die gebruikt.

e) Bak in een voorverwarmde oven van 500 graden gedurende 10 minuten of tot ze goudbruin zijn. De baktijd varieert afhankelijk van of je op een steen, een scherm of in een pan bakt.

51. Bakplaat S Pinach Pizza

INGREDIËNTEN:
- ¼ kopje marinarasaus
- ¼ kopje gehakte verse spinazie
- ¼ kopje geraspte veganistische kaas
- ¼ kopje in vieren gesneden kerstomaatjes
- ⅛ theelepel oregano

INSTRUCTIES:
a) Klop de bloem, het water, de olie en het zout tot een gladde massa.
b) Giet het beslag op een hete bakplaat besproeid met kookspray.
c) Verhit elke kant gedurende 4-5 minuten tot de korst bruin begint te worden.
d) Draai de korst nog een keer om en bedek met marinarasaus, spinazie, kaas, tomaat en oregano.
e) Verwarm gedurende 3 minuten of tot de kaas smelt.

52.Een rugula- en citroenpizza

INGREDIËNTEN:
- 1 Pizzadeeg
- 2 kopjes tomatenpuree
- 1 teentje knoflook, geperst
- 1 theelepel gedroogde oregano
- 1 theelepel tomatenpuree
- ½ theelepel zout
- Grond zwarte peper
- ¼ theelepel rode pepervlokken
- 2 kopjes geraspte veganistische kaas
- ½ kopje geraspte veganistische kaas
- Optioneel maar leuk
- ½ bosje rucola, schoongemaakt en gedroogd
- ½ citroen
- Een scheutje olijfolie

INSTRUCTIES:
a) Giet de tomatenpuree in een pan en verwarm op matig vuur. Voeg de knoflook, oregano en tomatenpuree toe. Roer om er zeker van te zijn dat de pasta door de puree is opgenomen.
b) Breng aan de kook, zet het vuur lager en roer om ervoor te zorgen dat de saus niet blijft plakken. De saus kan in 15 minuten klaar zijn, maar kan ook langer doorkoken, tot wel een half uur. Het wordt met ongeveer een vierde ingedikt, wat je minimaal ¾ kopje puree per pizza oplevert.
c) Proef of er zout is, breng op smaak en voeg de zwarte peper en/of rode pepervlokken toe. Verwijder het teentje knoflook.
d) Schep de saus in het midden van de deegcirkel en spreid deze met een rubberen spatel uit tot het oppervlak volledig bedekt is.
e) Leg de veganistische kaas op de saus. Houd er rekening mee dat de kaas zich zal verspreiden als deze in de oven smelt, dus maak je geen zorgen als het lijkt alsof je pizza niet voldoende bedekt is met kaas.
f) Plaats in een voorverwarmde oven van 500 °F en bak zoals aangegeven voor het pizzadeeg.
g) Als de pizza klaar is, garneer hem dan met vegan kaas en rucola.
h) Knijp de citroen over de groenten uit en/of besprenkel met olijfolie als je dat wilt.

53.Tuin verse pizza

INGREDIËNTEN:
- Twee gekoelde halvemaanbroodjes
- Twee pakjes cashewroomkaas, verzacht
- ⅓ kopje mayonaise
- 1,4-ounce pakket droge groentesoepmix
- 1 kopje radijsjes, in plakjes gesneden
- ⅓ kopje gehakte groene paprika
- ⅓ kopje gehakte rode paprika
- ⅓ kopje gehakte gele paprika
- 1 kop broccoliroosjes
- 1 kopje bloemkoolroosjes
- ½ kopje gehakte wortel
- ½ kopje gehakte selderij

INSTRUCTIES:
a) Zet uw oven op 400 graden F voordat u iets anders doet.
b) Verdeel het halvemaanvormige deeg op de bodem van een 11x14-inch jellyroll-pan.
c) Knijp met je vingers eventuele naden samen om een korst te maken.
d) Kook alles ongeveer 10 minuten in de oven.
e) Haal alles uit de oven en bewaar het opzij om volledig af te koelen.
f) Meng in een kom de mayonaise, cashewroomkaas en groentesoepmix.
g) Verdeel het mayonaisemengsel gelijkmatig over de korst, bedek alles gelijkmatig met de groenten en druk ze voorzichtig in het mayonaisemengsel.
h) Dek de pizza af met plasticfolie en zet hem een nacht in de koelkast.

54.Roma Fontina-pizza

INGREDIËNTEN:
- ¼ kopje olijfolie
- 1 Eetlepels gehakte knoflook
- ½ theelepel zeezout
- 8 Roma-tomaten, in plakjes gesneden
- Twee voorgebakken pizzabodems van 12 inch
- 12 ons geraspte veganistische kaas
- 10 verse basilicumblaadjes, versnipperd

INSTRUCTIES:
a) Zet uw oven op 400 graden F voordat u iets anders doet.
b) Meng de tomaten, knoflook, olie en zout in een kom en bewaar dit ongeveer 15 minuten.
c) Bestrijk elke pizzabodem met wat tomatenmarinades.
d) Bestrijk alles met de veganistische kaas, gevolgd door de tomaten en basilicum.

55.Spinazie Artisjok Pizza

INGREDIËNTEN:
- 1 blik witte bonen
- ¼ kopje water
- 2 eetlepels edelgist
- ½ kopje cashewnoten
- 1 eetlepel vers citroensap
- 1 ui, gehakt
- 5 kopjes verse spinazie
- 2 teentjes knoflook, fijngehakt
- 1 blikje artisjokharten, uitgelekt
- zout
- zwarte peper
- rode pepervlokken
- 2 kant-en-klaar pizzadeeg
- ½ kopje veganistische mozzarellakaas

INSTRUCTIES:
a) Verwarm de oven voor op 350 ° F.
b) Spoel de witte bonen uit blik af, laat ze uitlekken en doe ze samen met de cashewnoten, het citroensap, het water en de edelgist in een blender. Als je het wat makkelijker wilt maken voor je blender, kun je hem 4-6 uur in water laten weken voordat je hem gebruikt. Aan de kant zetten.
c) Verhit wat olie in een grote pan en fruit de ui ongeveer 3 minuten tot ze glazig worden. Voeg na 2 minuten de knoflook toe. Voeg vervolgens 2 kopjes spinazie toe en kook nog 3 minuten. Roer het gemengde mengsel van witte bonen en cashewnoten erdoor. Breng op smaak met peper, zout en rode pepervlokken.
d) Verdeel gelijkmatig over het pizzadeeg. Snij de artisjokharten in vieren en leg ze samen met de overgebleven spinazie op de pizza. Bestrooi met veganistische kaas.
e) Bak de pizza 8 minuten of bekijk de instructies op de verpakking.

56.Veganistische Caprese-pizza

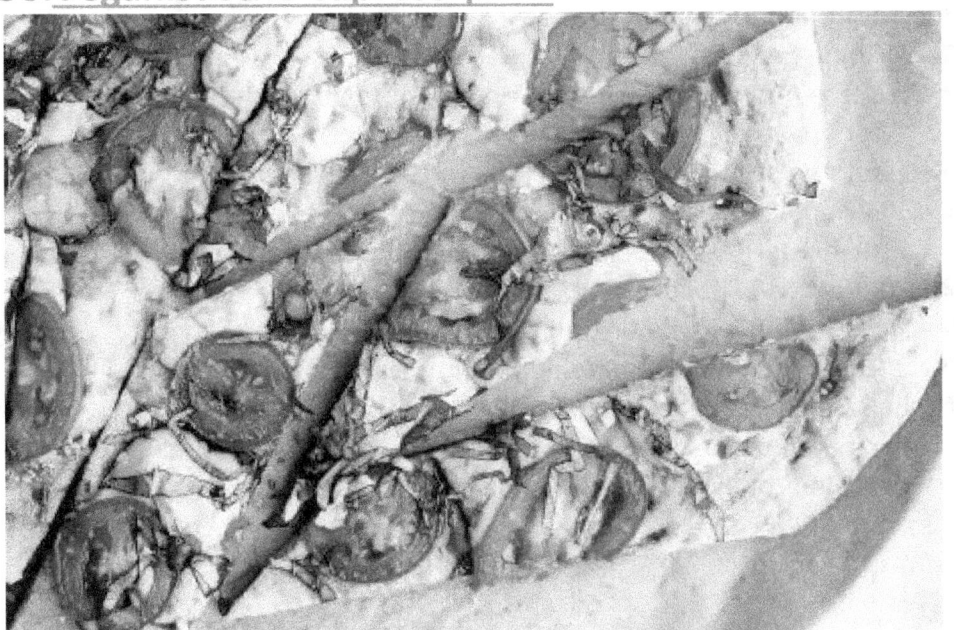

INGREDIËNTEN:
- 1 pond meergranenpizzadeeg
- ⅔ kopje gefilterd water
- ½ kopje rauwe cashewnoten
- 1 eetlepel edelgist
- 1 eetlepel arrowrootpoeder
- 1 eetlepel appelazijn
- ½ theelepel zeezout, plus meer voor kruiden
- 2 eetlepels olijfolie
- 2 tot 3 teentjes knoflook, fijngehakt
- 2 tot 3 rijpe Roma-tomaten, in dunne plakjes gesneden
- Balsamico Reductie
- Een handvol verse basilicumblaadjes, heel dun gesneden
- Gemalen rode pepervlokken

INSTRUCTIES:

a) Verwarm de oven voor op 400F. Bekleed een ronde, geventileerde pizzavorm met bakpapier.

b) Bestuif een schoon werkoppervlak licht met bloem en rol het pizzadeeg uit tot een cirkel van 15 inch. Doe het in de beklede pizzavorm en bak gedurende 7 minuten, of tot de bodem net begint te stollen.

c) Terwijl de pizza bakt, bereid je de cashewmozzarella door het gefilterde water, de cashewnoten, edelgist, arrowroot-poeder, appelciderazijn en zeezout toe te voegen aan een hogesnelheidsblender. Meng gedurende 2 minuten op de hoogste stand, of tot het volledig glad is. Giet het mengsel in een pan. Zet het vuur op medium en klop voortdurend gedurende 3 tot 5 minuten, of totdat het net begint in te dikken. Niet oververhitten. Zet opzij om iets af te koelen.

d) Bestrijk de bovenkant van het voorgebakken pizzadeeg met de olijfolie en bestrooi met de knoflook. Gebruik een eetlepel om een lepel cashewmozzarella over het oppervlak van de pizza te laten vallen. Beleg met gesneden tomaten.

e) Zet de pizza terug in de oven en bak nog eens 8 tot 14 minuten, of tot de gewenste gaarheid is bereikt.

f) Haal uit de oven en laat iets afkoelen.

g) Besprenkel rijkelijk met de Balsamico Reductie en bestrooi met de verse basilicum. Breng indien gewenst op smaak met zeezout en gemalen rode pepervlokken.

h) Serveer onmiddellijk.

57.BBQ-pizza met knapperige bloemkool

INGREDIËNTEN:
- 1 zelfgemaakt deeg

VOOR DE BBQ BLOEMKOOL:
- ½ krop bloemkool
- 1 kopje BBQ-saus
- 1 theelepel gerookt paprikapoeder
- 1 theelepel knoflookpoeder
- ½ theelepel vloeibare rook

VOOR DE VEGAN KNOFLOOKSAUS:
- 1 kopje ongezoete kokosyoghurt
- 2 teentjes knoflook, fijngehakt
- zout, naar smaak
- zwarte peper, naar smaak

INSTRUCTIES:

a) Maak eerst het deeg. Combineer de droge ingrediënten in een kom en roer goed. Voeg langzaam de olijfolie en het warme water toe. Kneed het deeg met je handen. Voeg indien nodig meer water toe. Vorm een bal en doe deze in een kom die je afdekt met een doek of theedoek. Het fijne aan dit deeg is dat het niet te lang hoeft te rijzen. 45 minuten is genoeg. Misschien kun je zelfs met 30 minuten wegkomen als je het deeg op een warme plaats laat rijzen.

b) Maak intussen de BBQ-bloemkool. Snij de bloemkool in hapklare roosjes. Meng de BBQ-saus met de kruiden. Gebruik de helft van de saus om de roosjes in te dopen, zodat ze helemaal bedekt zijn. Leg ze op een bakplaat bekleed met bakpapier en bak gedurende 10 minuten op 350 ° F.

c) Maak je deeg klaar. Leg het deeg op een licht met bloem bestoven werkblad en kneed het voorzichtig tot twee pizza's.

d) Bestrijk de gebakken BBQ-bloemkool met de overgebleven saus en leg ze op de pizza. Bak gedurende 12-15 minuten of tot ze lichtbruin en knapperig zijn. Bestrooi met gehakte peterselie en groene uien.

e) En vergeet de vegan knoflooksaus niet! Combineer de ingrediënten gewoon in een kleine kom en giet deze over de pizza.

58. Gegrilde Vegetarische Pizza

INGREDIËNTEN:
- 2 Gistvrije pizzakorst
- 2 ½ kopjes bloem voor alle doeleinden
- 1 eetlepel bakpoeder
- ½ theelepel zout
- 1 theelepel olijfolie
- ⅔ kopje lauw water
- ½ kopje pizzasaus

TOPPINGEN
- 1 theelepel olijfolie + meer voor het bestrijken van de korst
- ½ courgette, in plakjes gesneden
- 1 rode paprika, in stukjes gesneden
- 5 kopjes champignons, in plakjes gesneden
- 1 rode ui, in plakjes gesneden
- ¾ kopje veganistische kaassnippers, als alternatief kunt u ook een zelfgemaakte kaassaus gebruiken
- 1 snufje zout

INSTRUCTIES:
a) Voor het pizzadeeg: Meng de bloem, het bakpoeder en het zout in een grote kom.
b) Voeg de olijfolie en het water toe en kneed tot er een soepel deeg ontstaat.
c) Voor de pizzasaus: Meng de tomatenpuree, het zout, de gedroogde oregano en de gedroogde basilicum.
d) Verhit de olijfolie in een grote pan en voeg de courgette, rode paprika, champignons en rode ui toe.
e) Breng op smaak met een snufje zout en laat het op middelhoog tot hoog vuur koken tot de groenten zacht zijn.
f) Verwarm de oven voor op 250°C/480°F.
g) Verdeel het pizzadeeg in twee gelijke delen en rol ze elk uit op licht met bloem bestoven bakpapier.
h) Verdeel de tomatensaus erover. Bedek met veganistische kaassnippers en groenten.
i) Bestrijk de korst met olijfolie.
j) Bak de pizza's in ongeveer 15 minuten in de oven tot ze knapperig zijn. Genieten!

59.Art tichoke & olijfpizza

INGREDIËNTEN:
- Voorgebakken pizzabodem van 12 inch
- ½ kopje pesto
- 1 rijpe tomaat, gehakt
- ½ kopje groene paprika, gehakt
- 2-ounce blikje gehakte zwarte olijven, uitgelekt
- ½ rode ui, gehakt
- 4-ounce blikje artisjokharten, uitgelekt en in plakjes gesneden
- 1 kop verkruimelde veganistische kaas

INSTRUCTIES:
a) Zet uw oven op 450 graden F voordat u iets anders doet.
b) Leg het deeg op een pizzavorm.
c) Verdeel een dunne laag pesto gelijkmatig over de korst en beleg met de groenten en veganistische kaas.
d) Bestrooi de pizza met de kaas en bak alles ongeveer 8-10 minuten in de oven.

60. Veganistische Courgette Pepperoni Pizza

INGREDIËNTEN:
- 1 basisdeeg
- 2 eetlepels tomatenpuree
- 2 courgettes
- hete saus
- 2 eetlepels tamari
- 2 eetlepels balsamicoazijn
- veganistische kaas

INSTRUCTIES:
COURGETTE "PEPERONI":
a) Was de courgette en snij deze in dunne plakjes.
b) Meng in een ovenschaal hete saus met tamari en balsamicoazijn.
c) Voeg de courgette toe en meng, zodat ze goed bedekt zijn.
d) Dek af en laat een nacht in de koelkast marineren.

PIZZA:
e) Verwarm de oven voor op 390 ° F.
f) Verdeel de tomatenpuree over de korst. Voeg de gemarineerde pittige courgetteplakjes toe.
g) Maak af met veganistische kaas.
h) Bak 12-15 minuten in de oven.

61.Pizzakorst van rode linzen

INGREDIËNTEN:
- ¾ kopje droge SPLIT rode linzen, ongekookt
- ¾ kopje water
- 1,5 theelepel knoflookpoeder
- ½ theelepel gedroogde basilicum
- ½ theelepel gedroogde oregano
- ¾ theelepel zeezout
- Veganistische toppings

INSTRUCTIES:
a) Bekleed een ronde pizzaplaat van 30 cm met bakpapier en verwarm uw oven voor op 450 graden F convectiebak.
b) Voeg alle ingrediënten toe aan een hogesnelheidsblender en laat het ongeveer 30-60 seconden op de hoogste stand draaien, of tot het volledig gepureerd is.
c) Giet het mengsel op je voorbereide pizzaplaat en verdeel het zo dun en gelijkmatig mogelijk met een siliconen spatel.
d) Bak gedurende 12 minuten. Draai het deeg vervolgens voorzichtig om en gebruik het perkament om het om te draaien. Haal vervolgens het bakpapier eraf en plaats de korst nog 5 minuten in de oven tot hij goudbruin is.
e) Beleg je pizza naar wens en bak 3-5 minuten om je toppings te verwarmen. Haal het vervolgens uit de oven en laat 1-2 minuten rusten voordat u het aansnijdt.

62.Pittige Pintobonenpizza

INGREDIËNTEN:
- 1 pizzadeeg
- 1 eetlepel olijfolie
- 1 theelepel chilipoeder
- 1½ kopjes gekookte pintobonen, uitgelekt
- 1 kop tomatensalsa
- 2 eetlepels hete of milde ingeblikte gehakte groene chilipepers
- 2 eetlepels gesneden ontpitte Kalamata-olijven
- 2 eetlepels gehakte verse koriander

INSTRUCTIES:
a) Maak het gerezen deeg een beetje plat, bedek het met plasticfolie of een schone theedoek en laat het 10 minuten rusten.

b) Plaats het ovenrek op het laagste niveau van de oven. Verwarm de oven voor op 450° F. Vet een pizzavorm of bakplaat licht in. Leg het ontspannen deeg op een licht met bloem bestoven oppervlak en maak het plat met je handen, draai het regelmatig en bebloem het, en werk het in een ronde van 30 cm. Zorg ervoor dat u het midden niet te veel bewerkt, anders wordt het midden van de korst te dun. Breng het deeg over naar de voorbereide pizzavorm of bakplaat.

c) Verhit de olie in een pan op matig vuur. Roer het chilipoeder erdoor en voeg dan de bonen toe, al roerend om de bonen te combineren en op te warmen, ongeveer 5 minuten.

d) Haal de pan van het vuur en pureer de bonen goed. Voeg indien nodig een beetje salsa toe om de bonen vochtig te maken.

e) Verdeel het bonenmengsel gelijkmatig over het voorbereide pizzadeeg tot ongeveer ½ inch van de rand van het deeg. Verdeel de salsa gelijkmatig over het bonenmengsel en bestrooi met de chilipepers en olijven.

f) Bak tot de korst goudbruin is, ongeveer 12 minuten. Nadat u de pizza uit de oven heeft gehaald, bestrooit u met de koriander, snijdt u hem in 8 partjes en serveert u hem warm.

63. Nacho-pizza met bonen

INGREDIËNTEN:
- 1 zelfgemaakt deeg
- 1¼ kopjes ingeblikte bonen
- 6 ons veganistische kaas, versnipperd
- 3 pruimtomaatjes, gehakt
- ½ theelepel gemalen komijn
- 1 theelepel gehakte oreganoblaadjes
- ½ theelepel zout
- ½ theelepel versgemalen zwarte peper
- 1/3 kop salsa
- Ingelegde plakjes jalapeño, naar smaak

INSTRUCTIES:
a) Bestuif een pizzaschep met maïsmeel, leg het deeg in het midden en vorm het deeg tot een cirkel door er met je vingertoppen kuiltjes in te maken.
b) Pak het op en vorm het met je handen aan de rand, terwijl je het deeg langzaam draait tot het een diameter van ongeveer 14 inch heeft. Leg het met de maïsmeelkant naar beneden op de schil.
c) Vet de bakplaat of bakplaat in met anti-aanbakspray. Leg het deeg in het midden en maak met uw vingertoppen kuiltjes in het deeg tot het een grote, afgeplatte cirkel is. Trek er vervolgens aan en druk erop totdat het een cirkel van 14 inch op de bakplaat vormt of een onregelmatige rechthoek van ongeveer 30 x 18 cm op de bakplaat. bakplaat.
d) Plaats hem op een pizzaschep als je een pizzasteen gebruikt, of plaats de gebakken korst direct op een pizzaplaat. Gebruik een rubberen spatel om de gebakken bonen over de korst te verdelen, gelijkmatig te bedekken maar een rand van ½ inch aan de rand vrij te laten. Bestrooi de bonen met de geraspte veganistische kaas.
e) Roer de gehakte tomaten, komijn, oregano, zout en peper in een kom en verdeel gelijkmatig over de kaas. Verdeel de salsa met een lepel over de korst. Schuif de pizza van de schil op de hete steen of plaats de taart op de bakplaat of bakplaat in de oven of op het grillrooster op indirecte hitte. Bak of gril met gesloten deksel tot de kaas borrelt en de bonen heet zijn,
f) Schuif de schil terug onder de korst en zet opzij of leg de taart op de bakplaat of bakplaat op een rooster. Koel gedurende 5 minuten.
g) Beleg de jalapeñoplakken van de taart voordat je ze snijdt en serveert.

64. Mangopizza Met Zwarte Bonen

INGREDIËNTEN:
- 1 voorbereide pizzabodem
- ¾ kopje medium of hete salsa
- ¾ kopje geraspte Mexicaanse veganistische kaas
- ½ kopje dun gesneden courgette
- ½ kopje gesneden mango
- ¼ kopje gekookte of ingeblikte zwarte bonen, gespoeld
- 1 groene ui gesneden
- ¼ kopje korianderblaadjes

INSTRUCTIES:
a) Verwarm de oven voor op de temperatuur aangegeven op de pizzabodemverpakking.
b) Leg de korst op een bakplaat en verdeel de salsa erop, laat aan alle kanten een rand van 2,5 cm vrij.
c) Beleg met kaas, courgette, mango en bonen.
d) Bak volgens de korstinstructies.
e) Bestrooi met groene uien en koriander voor het serveren.

65.Bbq Maïs Jalapeno Zoete Aardappelpizza

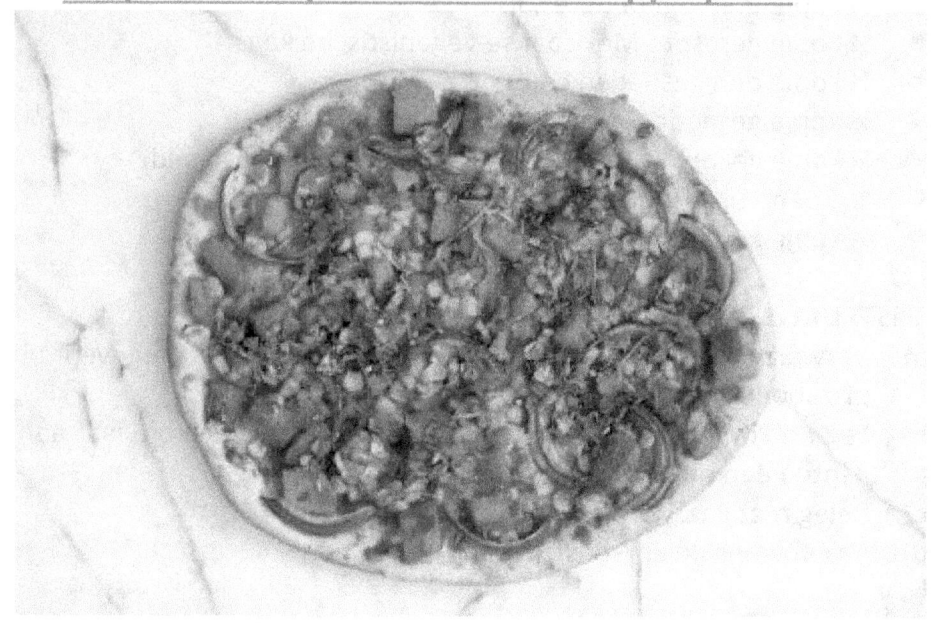

INGREDIËNTEN:
- 1 Pizzabodem
- 1 kleine zoete aardappel in blokjes
- ⅓ kopje maïskorrels, ontdooid indien bevroren
- ½ ui, dik gesneden
- paprika of andere groenten
- 1 gesneden jalapeno
- ⅓ kopje sojavrije barbecuesaus
- 3 theelepels BBQ-kruiden

INSTRUCTIES:
a) Kook de zoete aardappel en maïs in een pan op middelhoog vuur. Voeg water toe om de groenten te bedekken. Kook gedurende 5 minuten zodra het kookt. Giet af en laat een minuut afkoelen en doe het dan in een kom.
b) Meng met uien, paprika/groenten, 2 eetlepels barbecuesaus en een flinke scheut zwarte peper.
c) Vorm het pizzadeeg tot één grote pizza met dunne korst.
d) Smeer olijfolie op het pizzadeeg. Verdeel het zoete aardappelmengsel over de pizza. Voeg jalapeno toe. Strooi de BBQ-kruiden rijkelijk over de groenten. Besprenkel een deel of de gehele barbecuesaus.
e) Bak op 425 graden gedurende 16 tot 18 minuten. Laat een minuut afkoelen. Garneer met koriander, meer barbecuekruiden en meer barbecuesaus als je dat wenst. Snijd en serveer.

66. Afgeroomde maïspizza

INGREDIËNTEN:
- ½ portie zelfgemaakt pizzadeeg
- ½ kleine ui, gehakt
- 8 tot 10 druiven- of kerstomaatjes, gehalveerd
- ½ kopje veganistische chorizo-kruimels
- 6 of 7 verse basilicumblaadjes
- zwarte peper
- rode pepervlokken, optioneel

VOOR DE ROOMMAISSAUS
- 1 ¾ kopjes maïskorrels, verdeeld, ontdooid
- ½ kopje volle kokosmelk uit blik
- 1 teentje knoflook
- 2 eetlepels veganistische boter, zacht, optioneel
- 2 eetlepels tapiocazetmeel
- 1 Eetlepel edelgistvlokken
- 1 theelepel biologische rietsuiker
- ¾ theelepel fijn zeezout

INSTRUCTIES:

a) Voor de lekkerste korst raad ik aan een pizzasteen te gebruiken. Anders is een standaard pizzapan of bakplaat prima; baktijd kan worden verlengd. Als u een steen gebruikt, plaatst u deze in de oven en verwarmt u deze voor op 500 graden F.

b) Zorg ervoor dat alle ingrediënten op kamertemperatuur zijn voordat u de maïsroomsaus gaat bereiden. Meng in de kom van een keukenmachine 1 kopje maïs en de overige sausingrediënten. Verwerk tot gecombineerd. Voeg ¼ kopje maïs toe en pulseer meerdere keren zodat er wat textuur overblijft. Proef en voeg eventueel nog een snufje zout of suiker toe. Opzij zetten.

c) Rek het deeg op een licht met bloem bestoven oppervlak uit tot een diameter van 12 inch. Als u een pizzaschep gebruikt, bereidt u deze zoals u normaal zou doen. Haal anders de hete steen uit de oven. Breng het deeg voorzichtig over op de steen.

d) Verdeel ongeveer de helft van de maïssaus over het deeg. Voeg ui, tomaten, chorizo en de resterende ½ kopje maïs toe. Als u pizzabodem uit de winkel gebruikt, bak deze dan volgens de aanwijzingen op de verpakking. Als u zelfgemaakt deeg gebruikt, bak het dan 15 tot 17 minuten, of tot het knapperig en goudbruin is.

e) Laat de pizza een paar minuten afkoelen. Voeg zwarte peper, gemalen rode pepervlokken (indien gebruikt) en verse basilicum toe. Snijd en serveer.

BURRITO'S

67.Abrikozenburrito's

INGREDIËNTEN:
- 8 oz gedroogde abrikozen - in stukken gesneden
- 1c water
- ¼ c kristalsuiker
- ¼ c bruine suiker - verpakt
- ¼ theelepel kaneel
- ¼ theelepel nootmuskaat
- 20 tortilla's van 15 cm

INSTRUCTIES:
a) Breng de eerste 6 ingrediënten aan de kook. Laat het 10 minuten onafgedekt sudderen, of tot het fruit zacht is en het mengsel ingedikt is.
b) Schep 1 eetlepel van het mengsel op één rand van de tortilla. Oprollen.
c) Bak in hete olie goudbruin en keer één keer. Droogleggen.
d) Serveer warm of koud.

68.Burrito's van babybonen

INGREDIËNTEN:
- 12 bloemtortilla's (6 inch).
- 1 middelgrote ui; gehakt
- 1 eetlepel Plantaardige olie
- 2 teentjes knoflook; gehakt
- 1 Verse jalapenopeper
- 1 blik Mexicaanse bonen
- 1 kopje Vegan Monterey Jack-kaas
- ½ theelepel Gemalen komijn
- Zure room en salsa

INSTRUCTIES:
a) Verwarm de oven voor op 325 graden. Tortilla's op elkaar stapelen en doormidden snijden. Wikkel de tortillastapel in folie en verwarm tot hij opgewarmd is, 10 tot 15 minuten.
b) Kook ondertussen in een grote koekenpan de ui in olie op middelhoog vuur tot ze zacht maar niet bruin is, 2 tot 3 minuten. Voeg knoflook en jalapeno-pepers toe en kook tot de knoflook net geurig is, ongeveer 30 seconden. 3. Verdeel ongeveer 1-½ eetlepel bonenmengsel op elke tortillahelft en rol de jelly-roll op.
c) Schik op een serveerschaal en bestrooi met koriander. Serveer warm met zure room en salsa.

69.Bonen En Rijstburrito's

INGREDIËNTEN:
- 1 blik Pinto bonen, 16 oz waterpark
- 1 kopje bruine rijst; gekookt
- ½ kopje uien; bevroren, gehakt
- ½ kopje Gr. paprika's; bevroren, gehakt
- ½ kopje maïs; bevroren
- Chili poeder; streepje
- Sla, gehakt
- 1 bosje lente-uitjes; gehakt
- Komijn; streepje
- Knoflook poeder; streepje
- Salsa, olievrij, natriumarm
- 10 Tortilla's, volkoren
- 1 Tomaat; gehakt

INSTRUCTIES:
a) Fruit de bevroren uien en groene paprika's in een paar eetlepels water in een koekenpan. Giet de bonen af, spoel ze af, doe ze in een koekenpan en pureer ze met een aardappelstamper. Voeg de gekookte rijst, maïs, kruiden en water toe.

b) Verwarm de tortilla's snel . Plaats een lijn bonenmengsel in het midden van elke tortilla; voeg een theelepel salsa en eventueel andere toppings toe. Vouw ½ inch aan elke kant op, stop de bovenrand in en rol tot een burrito.

c) Serveer onmiddellijk, eventueel aangevuld met extra salsa.

70. Bonen en TVP-burrito's

INGREDIËNTEN:

- 10 grote tortilla's (10")
- 1 kop Gedroogde pintobonen, geweekt
- 1 Laurierblad
- 3 teentjes knoflook, fijngehakt
- ½ kopje TVP-korrels of -vlokken
- 2 theelepels Chilipoeder
- 1 theelepel komijn
- 1 theelepel zout
- ½ theelepel Oregano
- 1 eetlepel olijfolie
- 1 kopje ui, gehakt

INSTRUCTIES:

a) Combineer de TVP, heet water, hete bonenvloeistof, chilipoeder, komijn, zout en oregano. Fruit de ui in de olijfolie in een ruime pan tot ze zacht is.

b) Voeg de gekruide TVP toe en kook nog een paar minuten. Roer de gekookte bonen erdoor,

c) Om in elkaar te zetten: verwarm een bakplaat of koekenpan tot een paar druppels water op het oppervlak dansen. Bak elke tortilla aan beide kanten droog totdat het oppervlak van de tortilla begint te borrelen en lichtjes bruin wordt. Houd ze warm in een dikke handdoek. Als ze allemaal opgewarmd zijn, doe je ongeveer ⅓ kopje vulling op één kant van een tortilla en rol je ze op.

71.Kersenburrito's

INGREDIËNTEN:
- 6 bloemtortilla's (6 inch).
- 1 pakje suikervrije vanillepuddingmix
- ¾ kopje water
- 1½ kopje kersen; geen suiker toegevoegd
- 2 druppels Rode voedselkleurstof (maximaal 3)
- ½ theelepel amandelextract
- 1 theelepel kaneel
- 1 eetlepel Poedersuiker

INSTRUCTIES:
a) Verwarm de oven voor op 350 F. Combineer in een middelgrote pan de puddingmix, water en kersen,
b) Kook op middelhoog vuur tot het dik is. Voeg rode kleurstof en amandelextract toe. Meng goed om te combineren. Haal van het vuur. Spuit een grote bakplaat of jelly roll-pan met kookspray met botersmaak.
c) Verdeel de kersenvulling gelijkmatig en plaats deze in het midden van elke tortilla. Vouw een rand over de vulling; rol strak naar de andere kant. Plaats de naadzijde naar beneden op het bakplaat. Spuit de bovenkant van elk met de boterspray. Bestrooi met kaneel.
d) Bak 10-12 minuten.

72.Butternut-burrito

INGREDIËNTEN:
- 1 pompoen; gekookt en gepureerd
- 1 Rode ui; gehakt
- 4 teentjes knoflook; fijngehakt
- 1 eetlepel Chilipoeder
- 1 eetlepel Oregano
- 1 eetlepel komijn
- 1 theelepel Tamari-sojasaus
- 6 Tortilla's
- 1 blikje Enchiladasaus; rood of groen

INSTRUCTIES:
a) Verwarm de oven voor op 350 F.
b) Fruit de ui en knoflook in een beetje olie tot ze glazig zijn
c) Voeg gepureerde pompoen en kruiden toe. Meng en kook op laag vuur tot de smaken zich vermengen. Voeg naar smaak meer kruiden toe.
d) Tortilla's vullen met mengsel en oprollen.
e) Bedek de Chilisaus en bak gedurende 30 minuten.

73.Maïs- en rijstburrito's

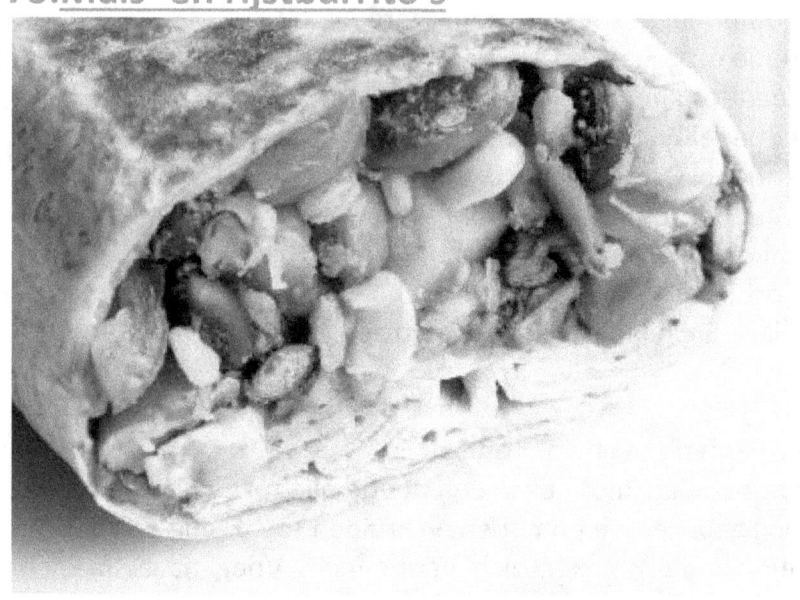

INGREDIËNTEN:
- 4 ons gekookte rijst
- 16 ons ingeblikte zwarte bonen
- 15 ons ingeblikte hele korrelmaïs
- 4 ons gehakte milde groene chilipepers
- ⅔ kopje geraspte Monterey Jack
- ¼ kopje Gehakte verse koriander
- 8 bloemtortilla's; (6 tot 7 inch)
- 12 ons milde salsa; vetvrij

INSTRUCTIES:
a) Verwarm de oven voor op 425 graden F. Bereid rijst zoals het etiket aangeeft.
b) Meng ondertussen in een grote kom zwarte bonen, maïs, chilipepers, kaas en koriander.
c) Als de rijst klaar is, roer je het door het bonenmengsel. Schep het afgeronde ½ kopje rijstmengsel langs het midden van elke tortilla. Schep 1 eetlepel salsa bovenop de rijstvulling. Vouw de zijkanten van de tortilla over de vulling en overlappend.
d) Spuit een glazen of keramische ovenschaal van 13 bij 9 inch in met anti-aanbakspray. Plaats de burrito's met de naad naar beneden in de schaal. Schep het resterende rijstmengsel in een rij in het midden van de burrito's; beleg de rijst met de resterende salsa.

74.Fiesta Bonenburrito

INGREDIËNTEN:
- ½ kopje bonen
- 1 eetlepel Salsa
- 1 theelepel gehakte koriander, optioneel
- 1 Volkorentortilla

INSTRUCTIES:
a) Verdeel de bonen over de tortilla.
b) Strooi de resterende ingrediënten erover.
c) Verwarm in de magnetron tot het warm is, ongeveer 40 seconden
d) Rol de tortilla en het mengsel tot een burrito.

75. Diepvries Burrito's

INGREDIËNTEN:
- 2 blikjes Zwarte bonen
- 2 3 kopjes gekookte rijst (uw Favoriete soort)
- 1 grote ui
- 3 à 4 teentjes knoflook
- Gedroogde basilicum, komijn, chili
- 1 pakje Meeltortilla's, burrito
- 1 klein blikje tomatensaus

INSTRUCTIES:
a) Fruit de uien en knoflook in je favoriete oliesubstraat (ik gebruik graag balsamicoazijn of kooksherry). Als de ui zacht is, voeg je kruiden toe (sorry, geen metingen, ik gooi er gewoon op wat er goed uitziet), kook nog een paar minuten en haal van het vuur.
b) Giet 1 blik bonen met sap in een grote kom, giet het andere blik af en doe de bonen in de kom. Voeg het blikje tomatensaus toe. Pureer de bonen totdat de meeste gepureerd zijn, maar laat een aantal ongepureerd.
c) Voeg het gekookte rijst-uienmengsel toe. Goed roeren. Burrito's oprollen, invriezen. Deze zijn goede snacks, lunch of avondeten met een salade, en ik ben er dol op als ontbijt.

76. Matzo Burrito ovenschotel

INGREDIËNTEN:
- Salsa
- Vetvrije bonen
- Matzo's
- Rode en groene paprika
- Groene chilipepers

INSTRUCTIES:
a) Verwarm de oven voor op 350°C. Verdeel in een vierkante ovenschaal wat salsa op de bodem van de pan om te voorkomen dat de matze blijft plakken.
b) Verdeel de FF-gebakken bonen over voldoende matzes om (één laag) de bodem van de schaal te bedekken. Vervolgens heb ik een laag rode en groene paprika gelegd en daarna nog een laag matzo met gebakken bonen. Daarbovenop leg ik een laag groene pepers, nog een matze en wat salsa en tofu. Bak ongeveer 15 minuten in de oven.
c) De matzes worden zachter als tortilla's, en dit bespaart heel goed.

77.Magnetronbonenburrito's

INGREDIËNTEN:
- 2 theelepels Plantaardige olie
- 1 kleine ui, fijn gesneden
- 1 kleine Jalapenopeper, zonder zaadjes
- 1 teentje knoflook, fijngehakt
- ¼ theelepel Gemalen komijn
- ¼ theelepel gedroogde oregano
- ¼ theelepel Chilipoeder
- 1 snufje Gemalen korianderzaad
- 16 ons zwarte bonen, gespoeld
- ½ Avocado, ontpit, geschild, in blokjes gesneden
- 1 Pruimtomaat, in blokjes gesneden
- 1 lente-ui, fijngehakt
- 1 eetlepel fijngehakte verse koriander
- 2 theelepels Vers limoensap
- 1 snufje Geraspte limoenschil
- 4 bloemtortilla's, opgewarmd

INSTRUCTIES:
a) Roer olie, ui, jalapeno en knoflook samen in een glazen taartvorm van 9 inch. Microkoken op HOOG vermogen 1 minuut.
b) Roer komijn, oregano, chilipoeder en gemalen koriander erdoor; microcook, afgedekt en geventileerd, 1 minuut. Roer bonen en water erdoor; microcook, afgedekt en geventileerd, 2 minuten.
c) Combineer avocado, tomaat, lente-ui, verse koriander, limoensap en schil in een kleine kom. Breng de salsa op smaak met zout en peper

78. Magnetron Groentenburrito's

INGREDIËNTEN:
- 1 Zoete groene paprika; Gehakt
- 1 ui; gehakt
- 2 teentjes knoflook; gehakt
- 1 theelepel plantaardige olie
- ½ theelepel Gemalen komijn
- ½ theelepel gedroogde oregano
- 3 Aardappelen; in blokjes gesneden Voor extra vezels
- 1 kopje maïskorrels
- 6 ons gebottelde tacosaus
- 4 grote bloemtortilla's
- ½ kopje veganistische Cheddar-kaas; versnipperd

INSTRUCTIES:
a) Meng in een braadpan met 6 kopjes groene paprika, ui, knoflook, olie, komijn en oregano; magnetron, afgedekt, op Hoog gedurende 2-3 minuten of tot de ui zacht is. Roer de aardappelen en 1 eetlepel water erdoor; magnetron, afgedekt, op de hoogste stand gedurende 8-10 minuten of tot de aardappelen gaar zijn, tweemaal roeren.

b) Roer de maïs- en tacosaus erdoor; magnetron, afgedekt, op de hoogste stand gedurende 2-4 minuten of tot het heet is. Laat 5 minuten staan. Voeg zout en peper naar smaak toe.

c) Magnetrontortilla's, onbedekt, op de hoogste stand gedurende 30-40 seconden of tot ze warm zijn. Plaats op serveerschalen; bedek met aardappelmengsel en kaas.

d) Vouw 1 uiteinde omhoog en vervolgens de zijkanten; oprollen.

79.Gemengde Groentenburrito

INGREDIËNTEN:
- 1 grote aardappel - in blokjes gesneden
- 2 kleine courgettes - gehakt
- 2 kleine gele pompoen - gehakt
- 10 ons bevroren maïs
- 3 Paprika
- 1 grote tomaat - gehakt
- 1 kleine rode ui - fijngehakt
- 3 eetlepels koriander - gehakt
- 1 kopje zure room, licht
- 1 theelepel Chilipoeder
- 12 ons veganistische Monterey Jack-kaas
- 4 Meeltortilla's
- 1 Avocadoschijfjes

INSTRUCTIES:
a) Breng het water in een afgedekte pan op hoog vuur aan de kook. Voeg de aardappelen, courgette, gele pompoen, maïs en paprika toe. Breng opnieuw aan de kook en kook, onafgedekt, ongeveer 4 minuten, tot de aardappelen net gaar zijn. Giet af en doe in een kom. Voeg de tomaat, ui, koriander, zure room, chilipoeder, zout, peper en ½ van de kaas toe. Zachtjes gooien.
b) Verdeel de tortilla's in een enkele laag op bakplaten bekleed met bakpapier. Schep ¼ van de vulling in het midden van elke tortilla
c) Vouw en bak ongeveer 15 minuten, tot de kaas is gesmolten.

80. Mojo zwarte bonenburrito's

INGREDIËNTEN:
- 2 grote bloemtortilla's
- 1 kop Vetarm opnieuw gebakken zwarte bonen
- 1 Zoete aardappel
- ½ kopje bevroren suikermaïs
- 4 ons Tempeh
- 4 6 Eetlepels tacosaus

INSTRUCTIES:
a) Schil de zoete aardappel en snijd hem in kleine, hapklare stukjes. Snijd de Tempeh in kleine hapklare stukjes. Stoom de tempeh en aardappelblokjes gedurende 10-15 minuten tot ze gaar zijn. Voeg ongeveer 2 minuten voordat ze klaar zijn de maïs toe (je moet een stoommandje met kleine gaatjes gebruiken).
b) Verwarm ondertussen de tortilla's in de oven. Bestrijk elk met ½ zwarte bonen. Als de tempeh, zoete aardappel en maïs klaar zijn, voeg je de helft van het mengsel toe aan elke burrito en vervolgens de helft van de tacosaus aan elke burrito. Rol strak op en serveer.
c) Deze zijn geweldige lunches; Je kunt ze strak in aluminium(tin)folie wikkelen en ze zijn de hele dag houdbaar.

81. Pepita Groentenburrito's

INGREDIËNTEN:
- 1 Pompoenpittensaus
- 1 kop Gehakte broccoli
- 1 Med-ui, fijngehakt
- 2 teentjes knoflook, fijngehakt
- 2 eetlepels olie
- 1 kopje 2x1/4-inch reepjes gele pompoen
- 1 kopje 2x1/4-inch reepjes courgette
- ½ kopje Fijngehakte rode paprika
- ¼ kopje gepelde pompoenpitten, geroosterd
- 1 eetlepel Citroensap
- 1 theelepel Gemalen rode chilipepers
- ¼ theelepel zout
- ¼ theelepel Gemalen komijn
- 6 Meeltortilla's

INSTRUCTIES:

a) Pompoenpittensaus bereiden. Kook broccoli, ui en knoflook in olie in een koekenpan van 25 cm, regelmatig roerend, tot ze gaar zijn. Roer de resterende ingrediënten erdoor, behalve tortilla's. Kook, af en toe roerend, tot de pompoen zacht en knapperig is, ongeveer 2 minuten.

b) Blijf warm. Schep ongeveer ½ kopje groentemengsel in het midden van elke tortilla. Vouw het ene uiteinde van de tortilla ongeveer 2,5 cm omhoog boven het mengsel. Vouw de rechter- en linkerkant over het gevouwen uiteinde, overlappend. Vouw het resterende uiteinde naar beneden. Serveer met pompoenpittensaus.

82.Seitan Burrito's

INGREDIËNTEN:
- Knoflook; in blokjes gesneden
- Uien; gesneden
- 2 enorme portobello-paddenstoelen; gesneden
- Seitan in Fajita-stijl
- Kaneel
- Komijn
- Chili poeder
- Tortilla
- Vetarme veganistische Cheddar-kaas

INSTRUCTIES:
a) Snijd wat uien in plakjes en doe ze in een pan om te 'roerbakken'. Voeg twee enorme portobello-champignons toe. Voeg vervolgens de plakjes seitan toe. Voeg een beetje kaneel, komijn en chilipoeder toe.

b) Warmte tortilla tot ze zacht zijn in een pan met antiaanbaklaag, strooi er een ZEER kleine hoeveelheid magere cheddarkaas over, doe ze op een bord en schep de champignons erin seitanmengsel en vouw op als een burrito.

83.Burrito vulling

INGREDIËNTEN:
- 1 kopje kokend water
- 2 eetlepels sojasaus
- 1 eetlepel Chilipoeder
- ½ theelepel Oregano
- 1 kopje TVP
- ½ kopje ui; gehakt
- ½ kopje groene paprika; gehakt
- 1 teentje knoflook; gehakt
- Jalapeno naar smaak; gehakt, (optioneel)
- 1 eetlepel olijfolie
- ook goed voor enchiladas!!

INSTRUCTIES:

a) Meng het water, de sojasaus, het chilipoeder en de oregano en giet het over de TVP. Dek af en laat ongeveer 10 minuten staan. Fruit de ui, groene paprika, knoflook en jalapeno kort in de olie

b) Voeg het TVP-mengsel toe en blijf koken tot het bruin is. Serveer warm in taco's of burrito's met alle bevestigingen.

84. Vegetarische Burrito's Grande

INGREDIËNTEN:
- ⅓ kopje olijfolie
- 3 elk Knoflookteentjes, fijngehakt
- 1 eetlepel koriander, gehakt
- ½ theelepel komijn
- ¼ theelepel rode chilivlokken, gemalen
- ¼ theelepel Oregano
- 1 stuk Rode paprika
- 1 stuk Groene paprika
- 1 stuk Gele paprika
- 1 elke Anaheim-peper
- 3 middelgrote gele pompoen
- 1 grote rode ui, in plakjes gesneden
- 6 elk Meeltortilla's
- 3 kopjes zwarte bonen, gekookt
- ¼ kopje koriander, gehakt

INSTRUCTIES:

a) VULLING: Snijd de paprika, paprika en chili, samen met de pompoen, in de lengte doormidden. Verwijder de zaadjes uit de paprika's. Bestrijk ze met een bakkwast met de bedruipende olie. Grill onder een grill of op een voorbereide grill. Bedruip en draai tot ze zacht zijn, ongeveer 5 minuten per kant.

b) Haal van het vuur en als het koel genoeg is om te hanteren, hak het dan fijn.

c) OM TE MONTEREN: Schep de bonen iets uit het midden op de tortilla en beleg met gegrilde groenten en koriander. Vouwen en eten.

TACOS

85.Krokante kikkererwtentaco's

INGREDIËNTEN:
- 6 maïs- of bloemtortilla's
- Eén blikje kikkererwten van 15 ounce, afgespoeld en uitgelekt
- ½ theelepel ancho-chilipoeder
- 3 kopjes geraspte groene kool
- 1 kopje geraspte wortel
- ½ kopje dun gesneden rode ui
- ½ kopje poblano-peper zonder zaadjes en in kleine blokjes gesneden
- ½ kopje gesneden groene ui
- ¼ kopje gehakte verse koriander
- ¼ kopje Tofu Cashew Mayonaise 1 portie
- 2 eetlepels limoensap ¼ theelepel zeezout
- 1 avocado, ontpit en in plakjes gesneden
- 1 eetlepel Sriracha

INSTRUCTIES:
a) Verwarm de oven voor op 375 ° F.
b) Vorm de tortilla's door ze in een ovenbestendige kom met anti-aanbaklaag te plaatsen en ze in de oven te bakken tot ze knapperig zijn, 5-10 minuten.
c) In een grote mengkom prak je de kikkererwten fijn met een vork en bestrooi ze met het chilipoeder.
d) Voeg de kool, wortel, rode ui, poblano-peper, groene ui, koriander, mayonaise en limoensap toe.
e) Meng grondig en voeg als laatste zout toe.
f) Verdeel het saladmengsel over de tacokommen en garneer met de gesneden avocado. Voeg Sriracha toe als je van pittige taco's houdt.

86. Tempeh-taco's

INGREDIËNTEN:
- Olie, voor pan
- 1 pakje (8 ons) tempeh
- 1¾ kopjes ongezoete rijstmelk
- 1 eetlepel Dijon-mosterd
- 1 eetlepel sojasaus of tamari ½ theelepel paprikapoeder
- 2 eetlepels dulsevlokken
- 1 eetlepel edelgistvlokken ¼ kopje maïsmeel
- 13. kopje panko-stijl broodkruimels
- 1 eetlepel arrowroot Maïstortilla's, voor taco's
- 1 avocado, in plakjes gesneden

INSTRUCTIES:

a) Verwarm de oven voor op 350 graden F. Spuit een bakplaat met olie. Snijd de tempeh in stukjes van 2 inch lang en ½ inch dik. Meng de natte ingrediënten door elkaar en zet opzij.

b) Doe de droge ingrediënten in een keukenmachine en pulseer een paar keer, totdat het mengsel fijne bloem is. Doe het in een kleine kom. Haal elk stuk tempeh door het rijstmelkmengsel en meng het door het broodkruimmengsel.

c) Leg ze op een bakplaat in drie rijen met een tussenruimte van ongeveer 2,5 cm. Spuit olie op de stukken en bak ze gedurende 15 minuten. Draai om en bak nog eens 15 minuten.

d) Serveer onmiddellijk in een maistortilla met gesneden avocado en mango-perziksalsa.

87. Champignontaco's met Chipotle-crème

INGREDIËNTEN:
- 1 middelgrote rode ui, in dunne plakjes gesneden
- 1 grote portobello-champignons, in blokjes van ½ inch gesneden
- 6 teentjes knoflook, fijngehakt
- Zeezout naar smaak
- 12 maïstortilla's van 15 cm
- 1 kopje Chipotle-roomsaus
- 2 kopjes geraspte Romeinse sla
- ½ kopje gehakte verse koriander

INSTRUCTIES:
a) Verhit een grote koekenpan op middelhoog vuur.
b) Voeg de rode ui en portobello-champignons toe en roerbak 4 tot 5 minuten.
c) Voeg 1 tot 2 eetlepels water per keer toe om te voorkomen dat de ui en de champignons blijven plakken.
d) Voeg de knoflook toe en kook 1 minuut. Breng op smaak met zout.
e) Terwijl de champignons koken, doe je 4 tortilla's in een koekenpan met anti-aanbaklaag en verwarm ze een paar minuten tot ze zacht worden.
f) Draai ze om en verwarm ze nog 2 minuten. Verwijderen

88.Linzen-, boerenkool- en quinoa-taco's

INGREDIËNTEN:
VULLING
- 3 kopjes quinoa, gekookt (1 kopje droog)
- 1 kopje linzen, gekookt (½ kopje droog)
- Eén partij tacokruiden
- 1 eetlepel kokosolie
- 3 grote boerenkoolbladeren, stengels verwijderd, gehakt
- Tacoschelpen met blauwe maïs

TOPPINGEN
- 2 avocado's, ontpit, geschild en in plakjes gesneden
- Verse korianderblaadjes Verse limoenpartjes

INSTRUCTIES:

a) Meng in een grote tot medium verwarmde pan de gekookte quinoa, linzen, tacokruiden, kokosolie en boerenkool. Roer goed gedurende 3 – 5 minuten totdat de hitte de bladeren verwelkt.

b) Rooster de tacoschelpen op een met bakpapier beklede bakplaat volgens de instructies van de fabrikant.

c) Vul de schelpen met vulling en beleg ze met avocado, koriander en een scheutje limoen. Serveer warm.

89. Maïssalsa met zwarte bonentaco's

INGREDIËNTEN:
- Olijfolie koken
- 2 teentjes knoflook
- 2 ½ kopje zwarte bonen, gespoeld en uitgelekt
- ¼ kopje haver
- ¼ kopje maïsmeel
- 1 eetlepel rode chilipoeder
- 1 theelepel koosjer zout, verdeeld
- ½ theelepel zwarte peper (gemalen en verdeeld)
- 8 maistortilla's (klein)
- 1 kopje maïs, ontdooid indien bevroren
- 1 rode paprika (medium, gehakt)
- 1 groene chili (klein, in blokjes)
- 2 lente-uitjes (gehakt)
- 2 limoenen (uitgeperst)
- ¼ kopje verse koriander (gehakt)

INSTRUCTIES:
a) Verwarm de oven voor op 400 ° F en spuit bakolie op een bakplaat.
b) Voeg gehakte knoflook toe aan een verwerkingsmachine met de bonen, haver, chili en maïsmeel. Voeg zout en peper toe voordat u het mengsel verwerkt.
c) Zet een bakplaat klaar en verdeel het mengsel erop. Zorg ervoor dat je het met bakolie besproeit voordat je het mengsel 20 tot 30 minuten bakt.
d) voordat u het met meer bakolie besproeit en doorgaat met bakken. Dit zorgt ervoor dat het hele mengsel gelijkmatig wordt gebakken.
e) Eenmaal gebakken, doe je het bonenmengsel in een kom en meng je het goed met maïs, paprika, chili en lente-uitjes.
f) De tortilla's moeten in folie worden gewikkeld en gedurende 5 minuten in de oven worden verwarmd.
g) Verdeel het bonenmengsel over de tortilla's en serveer met maïssalsa en koriandertopping.

90. Gegrilde Haloumi-taco's

INGREDIËNTEN:
- Olijfolie
- 2 gepelde korenaren
- Kosjer zout
- Zwarte peper
- 1 kleine, rode ui, in plakjes gesneden
- ½ kg halloumi, in dikke plakjes gesneden
- 8 maïstortilla's

INSTRUCTIES:
a) Bereid de grill voor en zet deze op middelhoog vuur en olie de roosters grondig.
b) Bestrijk de maisdoppen lichtjes met olie en breng op smaak met zout en peper. Meng de uienringen met olie, zout en peper. Grill beide ingrediënten, 10-15 minuten voor maïs en 4 minuten voor uien, en draai ze regelmatig om er zeker van te zijn dat ze gaar zijn en op plekken verkoold zijn.
c) Zodra de maïs is afgekoeld, snijd je de korrels van de kolven en doe je ze in een middelgrote kom.
d) Bestrijk de kaas met een beetje olie en gril hem na het op smaak brengen met een beetje zout en peper een keer aan elke kant om te verkolen en volledig op te warmen.
e) Verwarm de tortilla's in de magnetron of op een koeler deel van de grill om ze zacht te maken.
f) Verdeel de kaas over de tortilla's en beleg ze met uien, maïs, avocado, koriander, salsa en partjes limoen.

91.De eenvoudige veganistische taco

INGREDIËNTEN:
- 2 tarwetaco's
- ½ kopje zwarte bonen
- 1 avocado, in plakjes gesneden
- 2 kerstomaatjes, in vieren
- 1 ui, gehakt
- Verse peterselie
- Limoensap
- 1 Eetlepel olijf
- olie
- Zout
- Hete saus naar keuze

INSTRUCTIES:
a) Verwarm de taco om hem goed op te warmen.
b) Plaats alle ingrediënten op de taco in elke gewenste volgorde. Je kunt ook alle groenten in een middelgrote koekenpan verwarmen.
c) Verhit simpelweg de olie, voeg de uien, bonen en kerstomaatjes toe en strooi een beetje zout over het geheel.
d) Verwijder na één minuut constant roeren.
e) Serveer de taco's, bestrooid met wat peterselie, gesneden avocado's, een scheutje limoensap en de hete chilisaus om in te dippen.

92.Bonen en gegrilde maïstaco

INGREDIËNTEN:
- 2 Maïstaco's
- ½ kopje zwarte bonen
- Gegrilde maïskolf
- 1 avocado, in plakjes gesneden
- 2 kerstomaatjes, in vieren
- 1 kleine ui, gehakt
- Verse peterselie
- ¼ theelepel komijn
- Zout
- Vers gemalen zwarte peper
- 1 eetlepel olie om te grillen

INSTRUCTIES:
a) Bereid de grill voor en zet deze op middelhoog vuur en olie de roosters grondig.
b) Bestrijk de maisdoppen lichtjes met olie en breng op smaak met zout en peper. Grill de maïs gedurende 10-15 minuten en draai hem regelmatig om er zeker van te zijn dat hij zacht is en hier en daar verkoold is.
c) Zodra de maïs is afgekoeld, snijd je de korrels van de kolven en doe je ze in een middelgrote kom.
d) Meng met zwarte bonen, gesneden avocado, kerstomaatjes, gehakte uien en verse peterselie en breng op smaak met zout, zwarte peper en komijn. Knijp wat verse limoen uit voor een pittige vulling.
e) Schep de taco op en geniet ervan met een dip naar keuze.

93.Taco met zwarte bonen en rijstsalade

INGREDIËNTEN:
- Taco schelpen
- 3 Limoen, schil en sap
- 1 kopje Cherrytomaatjes, elk in 4 stukken gesneden
- ¼ kopje Rode wijnazijn
- ¼ kopje Rode ui, kleine blokjes
- ¼ kopje mengsel van koriander, basilicum en lente-uitjes, allemaal chiffonade
- 1 theelepel knoflook, fijngehakt
- 1 blik maïs, uitgelekt
- 1 Groene chilipeper, klein in blokjes gesneden
- 1 Rode, oranje of gele paprika
- 1 blik zwarte bonen, uitgelekt
- 1 ½ kopje witte rijst, gekookt en warm gehouden
- Zout en peper om op smaak te brengen.

INSTRUCTIES:

a) Snijd de kerstomaatjes in vieren en marineer ze met de in blokjes gesneden rode ui, rode wijnazijn, knoflook en zout gedurende 30 minuten.

b) Verzamel en bereid de paprika's, kruiden en limoenen. Combineer ze allemaal samen met de uitgelekte zwarte bonen en maïs en breng goed op smaak met zout en peper.

c) Voeg het tomatenmengsel toe aan het bonenmengsel. Spatel er vervolgens de warme rijst door. Proef en voeg indien nodig zout toe.

d) Serveer in tacoschelpen.

94.Taaie walnoottaco's

INGREDIËNTEN:
TACO-VLEES
- 1 kop rauwe walnoten
- 1 eetlepel gistvlokken
- 1 eetlepel tamari
- ½ theelepel gemalen komijn
- ¼ theelepel chipotlepeperpoeder
- 1 theelepel chili

VULLING
- 1 Hass-avocado
- 1 Roma-tomaat, in fijne blokjes gesneden
- 6 eetlepels gerookte cashewkaasdip
- 4 grote slablaadjes

INSTRUCTIES:
TACO-VLEES
a) Doe de walnoten, edelgist, tamari, chilipoeder, komijn en chipotle chilipoeder in een keukenmachine en pureer tot het mengsel op grove kruimels lijkt.

VULLING
b) Voor de topping doe je de avocado in een kleine kom en pureer je hem met een vork tot een gladde massa. Roer de tomaat erdoor.

c) Om elke taco samen te stellen, plaats je een slablad op een snijplank, met de ribben naar boven. Plaats ¼ kopje Walnoot Taco Vlees in het midden van het vel.

d) Bestrijk met 1½ eetlepel cashewkaasdip en een kwart van het avocadomengsel.

95.Seitan-taco's

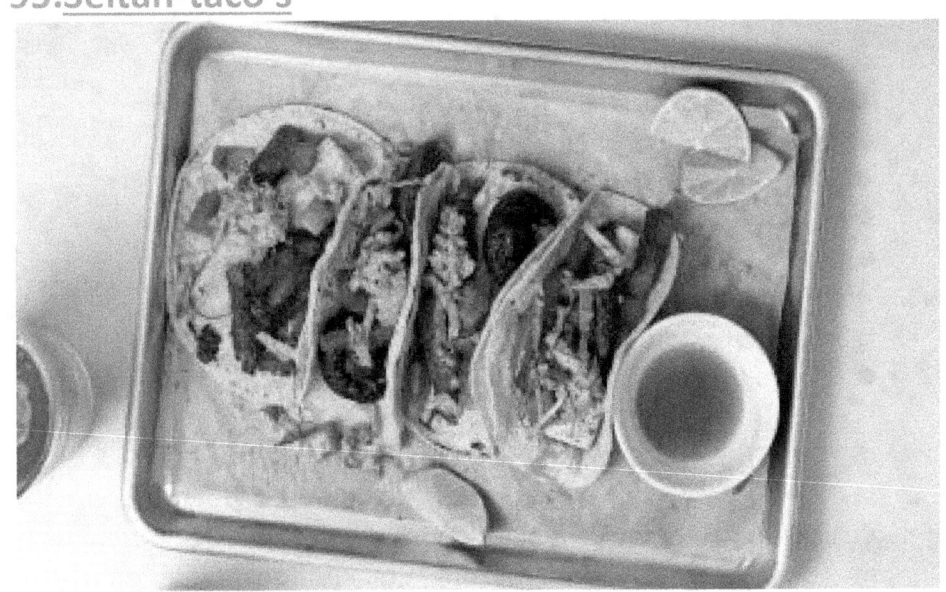

INGREDIËNTEN:
- 2 eetlepels olijfolie
- 12 ons seitan
- 2 eetlepels sojasaus
- 1 1/2 theelepel chilipoeder
- 1/4 theelepel gemalen komijn
- 1/4 theelepel knoflookpoeder
- 12 (15 cm) zachte maïstortilla's
- 1 rijpe Hass-avocado
- Geraspte Romeinse sla
- 1 kop tomatensalsa

INSTRUCTIES:
a) Verhit de olie in een grote koekenpan op middelhoog vuur. Voeg de seitan toe en kook tot hij bruin is in ongeveer 10 minuten. Bestrooi met de sojasaus, chilipoeder, komijn en knoflookpoeder en roer om te coaten. Haal van het vuur.

b) Verwarm de oven voor op 225 ° F. Verwarm de tortilla's in een middelgrote koekenpan op middelhoog vuur en stapel ze op een hittebestendige plaat. Dek ze af met folie en plaats ze in de oven, zodat ze zacht en warm blijven.

c) Ontpit en schil de avocado en snijd hem in plakjes van 1/4 inch.

d) Schik de tacovulling, avocado en sla op een schaal en serveer samen met de verwarmde tortilla's, salsa en eventuele extra toppings.

GYROS

96. Kikkererwten en Groentengyros

INGREDIËNTEN:
- 1 blik kikkererwten (15 oz), uitgelekt en afgespoeld
- 1 kopje geraspte komkommer
- 1 kop geraspte wortelen
- 1/4 kop gehakte rode ui
- 2 teentjes knoflook, fijngehakt
- 1 theelepel gemalen komijn
- 1 theelepel gerookte paprikapoeder
- Zout en peper naar smaak
- 2 eetlepels olijfolie
- Veganistische tzatziki-saus
- Pita brood
- Gesneden tomaten en sla voor garnering

INSTRUCTIES:

a) Pureer de kikkererwten in een keukenmachine tot ze grof gehakt zijn.

b) Meng in een kom de gehakte kikkererwten, geraspte komkommer, geraspte wortels, rode ui, gehakte knoflook, komijn, gerookte paprika, zout, peper en olijfolie. Goed mengen.

c) Verhit een koekenpan op middelhoog vuur en kook het mengsel tot het warm is.

d) Verwarm het pitabroodje in de oven of in een koekenpan.

e) Stel gyros samen door het kikkererwtenmengsel op elke pita te leggen. Bestrijk met veganistische tzatziki-saus, gesneden tomaten en sla.

97. Gegrilde Portobello-champignongyros

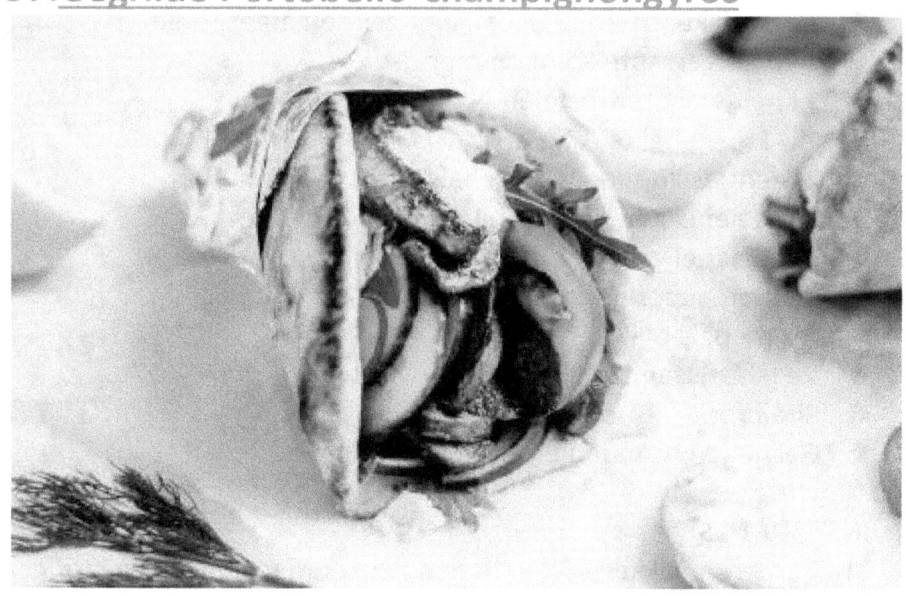

INGREDIËNTEN:
- 4 grote portobello-champignons, schoongemaakt en in plakjes gesneden
- 1/4 kopje balsamicoazijn
- 2 eetlepels olijfolie
- 2 teentjes knoflook, fijngehakt
- 1 theelepel gedroogde oregano
- Zout en peper naar smaak
- Veganistische tzatziki-saus
- Pita brood
- Gesneden rode ui en komkommer voor garnering

INSTRUCTIES:
a) Meng in een kom balsamicoazijn, olijfolie, gehakte knoflook, oregano, zout en peper.
b) Marineer de plakjes portobello-champignon in het mengsel gedurende minimaal 30 minuten.
c) Grill de gemarineerde champignons tot ze gaar zijn.
d) Verwarm het pitabroodje in de oven of in een koekenpan.
e) Stel de gyros samen door de gegrilde portobello-plakken op elke pita te leggen. Werk af met veganistische tzatziki-saus, gesneden rode ui en komkommer.

98.Jackfruit-gyros

INGREDIËNTEN:
- 2 blikjes jonge groene jackfruit, uitgelekt en versnipperd
- 1 eetlepel olijfolie
- 1 theelepel gemalen komijn
- 1 theelepel gerookte paprikapoeder
- 1 theelepel knoflookpoeder
- Zout en peper naar smaak
- Veganistische tzatziki-saus
- Pita brood
- Gesneden sla en kerstomaatjes voor garnering

INSTRUCTIES:
a) Verhit olijfolie in een koekenpan op middelhoog vuur. Voeg geraspte jackfruit, komijn, gerookte paprika, knoflookpoeder, zout en peper toe. Kook tot de jackfruit warm is en goed bedekt is met de kruiden.
b) Verwarm het pitabroodje in de oven of in een koekenpan.
c) Stel gyros samen door de gekruide jackfruit op elke pita te leggen. Werk af met veganistische tzatziki-saus, gesneden sla en kerstomaatjes.
d) Geniet van deze smakelijke veganistische gyro-opties!

99.Tofu-gyros

INGREDIËNTEN:
- 1 blok extra stevige tofu, geperst en in dunne reepjes gesneden
- 2 eetlepels sojasaus
- 1 eetlepel olijfolie
- 1 theelepel gedroogde oregano
- 1 theelepel knoflookpoeder
- Zout en peper naar smaak
- Veganistische tzatziki-saus
- Pita brood
- Gesneden rode ui en komkommer voor garnering

INSTRUCTIES:
a) Meng in een kom de sojasaus, olijfolie, gedroogde oregano, knoflookpoeder, zout en peper.
b) Marineer de tofureepjes minimaal 30 minuten in het mengsel.
c) Verhit een koekenpan op middelhoog vuur en bak de gemarineerde tofu aan beide kanten goudbruin.
d) Verwarm het pitabroodje in de oven of in een koekenpan.
e) Stel gyros samen door de gekookte tofu op elke pita te plaatsen. Werk af met veganistische tzatziki-saus, gesneden rode ui en komkommer.

100.Linzen- en Champignongyros

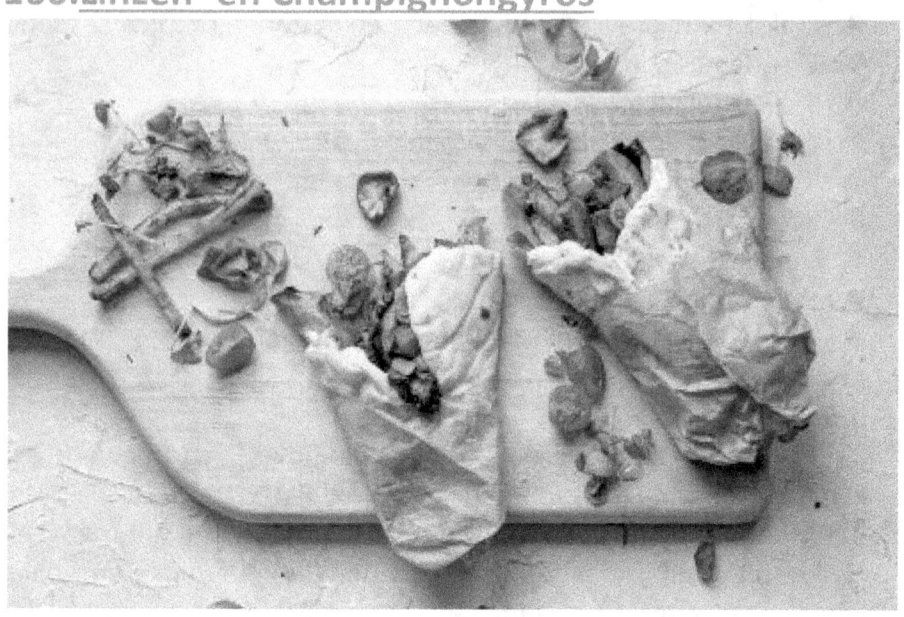

INGREDIËNTEN:
- 1 kopje gekookte linzen
- 1 kop fijngehakte champignons
- 1 kleine rode ui, fijngehakt
- 2 teentjes knoflook, fijngehakt
- 1 theelepel gemalen komijn
- 1 theelepel gerookte paprikapoeder
- Zout en peper naar smaak
- 2 eetlepels tomatenpuree
- Veganistische tzatziki-saus
- Pita brood
- Gesneden tomaten en sla voor garnering

INSTRUCTIES:
a) Fruit in een koekenpan de champignons, rode ui en knoflook tot ze zacht zijn.
b) Voeg gekookte linzen, gemalen komijn, gerookte paprika, zout, peper en tomatenpuree toe aan de koekenpan. Meng goed en kook tot het warm is.
c) Verwarm het pitabroodje in de oven of in een koekenpan.
d) Stel gyros samen door het linzen- en champignonmengsel op elke pita te plaatsen. Bestrijk met veganistische tzatziki-saus, gesneden tomaten en sla.

CONCLUSIE

Terwijl we onze smaakvolle reis door VEGAANS STRAAT EET: HAMBURGERS, TACO'S, GYROS EN MEER afsluiten, hopen we dat je de vreugde hebt ervaren van het bevredigen van je veganistische verlangens, één straathapje tegelijk. Elk recept op deze pagina's is een eerbetoon aan de creativiteit, gedurfde smaken en wereldwijde inspiratie die plantaardig straateten zo heerlijk maken - een bewijs van de voldoening die bij elke hap hoort.

Of je nu hebt geproefd van de plantaardige goedheid van veganistische burgers, de verscheidenheid aan veganistische taco's hebt omarmd of je hebt overgegeven aan de hartige geneugten van plantaardige gyros, wij vertrouwen erop dat deze recepten je passie voor het genieten van veganistisch straatvoedsel hebben aangewakkerd. Naast de ingrediënten en technieken kan 'Vegan Street Eats' een bron van inspiratie worden, een viering van plantaardige creativiteit en een herinnering dat het bevredigen van veganistische verlangens zowel opwindend als heerlijk is.

Terwijl je de wereld van plantaardig straatvoedsel blijft verkennen, mag dit kookboek je vertrouwde metgezel zijn, die je door een verscheidenheid aan recepten leidt die de gedurfde, smaakvolle en bevredigende aard van veganistisch straatvoedsel laten zien. Hier is het genieten van de creativiteit, het opnieuw creëren van plantaardige klassiekers en het omarmen van de vreugde die bij elke hap hoort. Veel kookplezier!

www.ingramcontent.com/pod-product-compliance
Lightning Source LLC
Chambersburg PA
CBHW050147130526
44591CB00033B/1013